Le développement de l'enfant au quotidien

De 6 à 12 ans

Collection du CHU Sainte-Justine
pour les parents

Le développement de l'enfant au quotidien
De 6 à 12 ans

Éditions du
CHU Sainte-Justine

Catalogage avant publication de Bibliothèque et Archives nationales
du Québec et Bibliothèque et Archives Canada

Ferland, Francine, 1947-

Le développement de l'enfant au quotidien : de 6 à 12 ans
(Collection du CHU Sainte-Justine pour les parents)
Comprend des références bibliographiques.
ISBN 978-2-89619-690-6

1. Enfants - Développement. 2. Activité motrice chez l'enfant. 3.
Socialisation. 4. Enfants - Psychologie. I. Titre. II. Collection : Collection
du CHU Sainte-Justine pour les parents.

HQ767.9.F472 2014   305.231   C2014-941248-7

Illustration de la couverture : Frédéric Normandin
Conception graphique : Nicole Tétreault

Diffusion-Distribution au Québec : Prologue inc.
      en France : CEDIF (diffusion) – Daudin (distribution)
      en Belgique et au Luxembourg : SDL Caravelle
      en Suisse : Servidis S.A.

Éditions du CHU Sainte-Justine
3175, chemin de la Côte-Sainte-Catherine
Montréal (Québec) H3T 1C5
Téléphone : (514) 345-4671
Télécopieur : (514) 345-4631
www.editions-chu-sainte-justine.org

Dépôt légal : Bibliothèque et Archives nationales du Québec, 2014
      Bibliothèque et Archives Canada, 2014

ASSOCIATION
NATIONALE
DES ÉDITEURS
DE LIVRES

Membre de l'Association nationale des éditeurs de livres

À Gabriel, un jeune homme plein de potentiel
À Maude, une adolescente d'une remarquable maturité
À Florence, une adolescente à la fibre artistique marquée
À Camélia, une grande fille pleine de vie et d'humour

Remerciements

Mes chaleureux remerciements vont à :

Maurice, pour son soutien indéfectible et la confiance qu'il manifeste dans tout ce que j'entreprends.

À l'équipe des Éditions du CHU Sainte-Justine :

> Marise Labrecque, directrice
>
> Marie-Ève Lefebvre, éditrice
>
> Nicole Tétreault, conceptrice graphique

C'est un bonheur toujours renouvelé de travailler avec des personnes d'une telle qualité.

À tous les enfants, qui sont une source intarissable d'inspiration, d'émerveillement et de découvertes. La vie serait très terne sans eux.

TABLE DES MATIÈRES

Chapitre 3
Le développement du langage 55

Chapitre 4
Le développement cognitif 71

PROLOGUE

Un enfant, c'est…
   le plus souvent une source d'émerveillement pour les
   parents,
   parfois un réactionnaire qui les fait sortir de leurs gonds,
   un bâtisseur de l'avenir,
   un grand maître de vie.

Un enfant, c'est
   un futur adolescent,
   un futur adulte,
   mais un être humain à part entière,
   et d'abord et avant tout un enfant.

Un enfant d'âge scolaire, c'est
   un explorateur qui sort du cocon familial,
   un être aux yeux grands ouverts sur son environnement,
   un apprenti qui entre à la grande école,
   un être humain qui avance dans la vraie vie.

Des parents, ce sont…

d'anciens enfants qui ont parfois oublié ce qu'est l'enfance,

des apprentis qui découvrent au jour le jour leur rôle de parents,

des sceptiques qui se demandent souvent s'ils agissent bien,

des guides, des sources d'amour, des modèles,

et, surtout, les personnes les plus importantes dans la vie de leur enfant.

INTRODUCTION

Toutes les grandes personnes ont d'abord été des enfants, mais peu d'entre elles s'en souviennent.

Antoine de Saint-Exupéry

Si tu ne peux donner à tes enfants les meilleures choses du monde, donne-leur le meilleur de toi-même.

H. Jackson Brown

Quelle fascinante aventure que le développement d'un être humain ! À 6 ans, l'enfant se dirige vers le monde des grands. Son entrée à l'école primaire atteste qu'il est maintenant apte à vivre parmi ses pairs, à apprendre dans un milieu structuré, à fonctionner hors de son milieu familial. Quant aux parents, c'est souvent avec un pincement au cœur qu'ils prennent conscience que leur petit a vraiment grandi et que le temps a passé très rapidement : hier encore, il n'était qu'un bébé et aujourd'hui, il entre à la grande école.

Dans quelques années, cet enfant deviendra un adolescent et passera à l'école secondaire. Une autre étape importante, tant pour l'enfant que pour ses parents ! Mais que se passe-t-il dans la vie de l'enfant entre 6 et 12 ans ? Quelles nouvelles acquisitions fait-il pendant cette période ? Comment se développent ses habiletés et ses intérêts ?

L'objectif de cet ouvrage est de présenter l'évolution de l'enfant d'âge scolaire de 6 à 12 ans et de le suivre dans son quotidien. Le premier chapitre présente des généralités sur cette période de vie, décrivant notamment les besoins de l'enfant et les influences qu'il subit. Suivent quelques chapitres qui abordent les différentes sphères de développement, soulignant pour chacune les habiletés de l'enfant et les activités susceptibles de l'intéresser. Comme l'école occupe une place importante dans sa vie, on ne s'étonnera pas qu'un chapitre tout entier lui soit consacré. Enfin, il est question du jeu, des tâches domestiques auxquelles l'enfant peut contribuer et de ses habiletés dans les activités quotidiennes. Avec un tel tour d'horizon, c'est l'enfant dans sa globalité qui sera dévoilé, révélant de la sorte la complexité de son développement.

Il faudrait, bien évidemment, plusieurs volumes pour cerner complètement ce vaste sujet, en incluant notamment les nombreuses théories qui s'y rapportent. Celui-ci privilégie une approche concrète qui s'appuie sur les dernières connaissances scientifiques touchant le développement de l'enfant.

Tout au long de cet ouvrage, il sera beaucoup question des activités de l'enfant: celles qui lui sont possibles compte tenu de ses capacités et celles qu'il serait souhaitable de lui offrir pour lui permettre d'en développer de nouvelles[1]. C'est en observant votre enfant au quotidien que vous découvrirez ses habiletés et c'est en pratiquant une variété d'activités qu'il les développera.

Nous espérons que vous aurez plaisir à suivre l'évolution de votre enfant et à l'accompagner dans son quotidien.

Bonne lecture!

---

1. Les tableaux synthèse présentés en annexe sont également disponibles sur le site des Éditions du CHU Sainte-Justine, sous la rubrique du présent ouvrage.

CHAPITRE 1

Notions générales

*Quand j'étais petit, ma mère m'a dit que
le bonheur était la clé de la vie. À l'école, quand on m'a
demandé d'écrire ce que je voulais être plus tard,
j'ai répondu « heureux ». Ils m'ont dit que je n'avais
pas compris la question, je leur ai répondu
qu'ils n'avaient pas compris la vie.*

John Lennon

*Si vous rencontrez quelqu'un vous affirmant
qu'il sait comment on doit élever des enfants, je vous
conseille de ne pas lui confier les vôtres.*

Henri Laborit

*Les enfants ont plus besoin de modèles
que de critiques.*

Joseph Joubert

*Nous pouvons beaucoup apprendre des enfants, par
exemple jusqu'où va notre patience.*

Franklin P. Jones

Au cours de ses années d'école primaire, c'est-à-dire de 6 à 12 ans, l'enfant franchit de grands pas en réalisant des progrès sur les plans psychomoteur, cognitif, affectif et social. En entrant à l'école primaire, en fréquentant les ressources de la communauté (bibliothèque, piscine…), il s'ouvre au monde extérieur. Voyons quelques caractéristiques générales de cette période.

Croissance et santé

Sur le plan physique, la croissance de l'enfant à cette période s'effectue plus lentement qu'au cours de la petite enfance et de l'adolescence. Toutefois, elle est constante : en moyenne, l'enfant grandit de 5 à 7 cm et prend de 2 à 3 kilos par année[1].

Autre particularité physique de l'enfant d'âge scolaire ? Ses dents de lait tombent, comme en témoignent les photos prises à 6 ou 7 ans, puis ses dents d'adulte commencent à pousser. L'enfant fait alors connaissance avec la Fée des dents — ou la petite souris — qui dépose quelques pièces de monnaie sous son oreiller pour chaque dent tombée.

Durant cette période, l'enfant est généralement en bonne santé ; l'ère des otites à répétition est révolue. Bien sûr, il contracte quelques rhumes et grippes pendant l'année, mais en moyenne, le taux de maladies est légèrement inférieur à celui des enfants d'âge préscolaire.

Deux problèmes précis de santé sont toutefois présents chez cette population d'enfants : la difficulté à dormir et l'obésité. De fait, 10 % des enfants d'âge scolaire auraient de la difficulté à dormir[2], même si très souvent les parents n'en savent rien — à moins de le demander à l'enfant.

Quant à l'obésité, le rapport publié en 2009 par l'Institut national de santé publique du Québec[3] précise que la proportion de jeunes Québécois âgés de 2 à 17 ans touchés par le surplus de poids s'est accrue de 55 % en

25 ans, passant de 14,6 % à 22,6 % entre 1978 et 2004. Les enfants de 6 à 11 ans sont toutefois moins touchés (18,4 %) que les adolescents ou les tout-petits.

Vers la fin de cette période, la puberté apparaît. Elle se manifeste entre 8 et 13 ans chez les filles[4] et entre 9 et 14 ans chez les garçons[5]. Il peut donc y avoir un grand écart d'un préadolescent à l'autre. L'une aura ses premières règles vers 10 ans, l'autre vers 13 ans; l'un verra sa pilosité apparaître et sa voix muer dès 9 ans et l'autre seulement vers 14 ans. La puberté représente le passage de l'enfance à l'adolescence et la sensibilité émotive qui la caractérise peut mettre parfois les relations familiales à rude épreuve. La lecture de certains ouvrages dédiés à cette période très particulière pourra vous aider à vous préparer à cette nouvelle étape de la vie de votre enfant[6].

Interrelations des différentes sphères de développement

En matière de développement, l'âge scolaire représente une période de raffinement. Au cours des années précédentes, l'enfant a acquis la majorité des habiletés de base qui deviendront plus élaborées, plus complexes entre 6 et 12 ans.

Il est intéressant de connaître les acquis de l'enfant dans les différentes sphères de développement, mais il l'est tout autant de savoir que ces diverses sphères s'interinfluencent. Ainsi, l'enfant qui a des aptitudes motrices adéquates (sphère motrice) se liera avec plus de facilité aux autres enfants de son âge (sphère sociale), entre autres pour partager avec eux des activités sportives, et il en tirera un sentiment de compétence (sphère affective). Ses habiletés langagières lui permettront d'exprimer ses sentiments (sphère affective), de communiquer avec les autres (sphère sociale) ou d'expliquer les stratégies qu'il utilise pour résoudre un problème (sphère cognitive).

Plus jeune, l'enfant a développé sa perception à partir des sensations reçues pas ses sens. En touchant les objets, en écoutant les sons qu'ils produisent, en bougeant, en se déplaçant dans l'espace, en s'amusant à encastrer des objets les uns dans les autres, il a développé sa perception des formes, des grandeurs, des textures, de l'espace, de son corps[7].

Ces habiletés perceptives permettent à l'enfant d'âge scolaire de bouger avec aisance, de faire des changements rapides de direction en courant, de diriger son crayon adéquatement sur la feuille, d'organiser son dessin dans l'espace disponible, de réussir des casse-tête et des constructions complexes.

En ce qui concerne la perception de l'espace, un certain raffinement est observable vers l'âge de 8 ans. L'enfant comprend alors que la main droite de la personne placée en face de lui se trouve sur sa gauche à lui et qu'un arbre placé à la droite du chemin à l'aller se retrouve à sa gauche au retour. Il peut également comprendre les expressions « c'est à *ma* droite » et « c'est à *ta* droite », alors que les enfants plus jeunes sont incapables de distinguer la droite de la gauche selon différentes perspectives. De plus, le raffinement de sa perception, entre autres des relations entre les objets, lui permet de lire une carte routière.

Besoins de l'enfant

L'enfant d'âge scolaire présente des besoins en lien avec chacune des sphères de son développement.

Les besoins physiques

Pour favoriser sa croissance et sa santé, l'enfant a besoin de soins d'hygiène, de repos et d'une alimentation adéquate. Il a aussi besoin de bouger et de se dépenser physiquement.

Le jeu extérieur, plus actif que celui fait à l'intérieur, favorise une telle dépense énergétique. De plus, ces diverses activités plus vigoureuses faites dehors contribuent au maintien de la santé du cœur et des os, de même qu'au développement des muscles de l'enfant tout en favorisant son appétit et en le prédisposant au sommeil[8].

Les besoins affectifs

L'enfant a aussi des besoins affectifs : être aimé de ses parents, sentir qu'il est important pour eux et qu'ils sont là pour lui, être accepté à part entière avec ses capacités et ses faiblesses, avec ses qualités et ses petits travers. La satisfaction de ce besoin d'amour permet à l'enfant de développer sa confiance en lui-même et son estime de soi.

Parmi ses besoins affectifs se trouve aussi le besoin de respect, respect des sentiments qu'il éprouve, de son rythme d'apprentissage, de ses goûts et intérêts (souvent différents de ceux de ses frères et sœurs au même âge), de ses capacités (aussi différentes de celles des autres enfants) et, enfin, de sa personnalité, qui lui confère son caractère unique. Les comparaisons avec les autres qui font mieux ou plus rapidement n'apportent rien à l'enfant sinon un sentiment de dévalorisation. Respecter son enfant, c'est aussi avoir des attentes réalistes à son égard. C'est également porter attention à ce qu'on lui dit et à la façon de le dire : c'est instaurer une communication de qualité.

À la prépuberté, on remarque, chez beaucoup de jeunes, de la pudeur ; ils ne veulent pas qu'on les voie nus, ils ferment la porte de la salle de bain pour prendre leur douche et celle de leur chambre pour s'habiller. Il faut respecter aussi ce besoin d'intimité. Si la porte de chambre de l'enfant est fermée, mieux vaut frapper et attendre sa réponse avant d'entrer.

Pudeur

Avant d'aller à un camp de vacances, Xavier, 10 ans, a demandé à ses parents de s'informer auprès de la direction du camp pour savoir s'il y avait un rideau ou, de préférence, une porte pour fermer la douche, évitant ainsi que les autres campeurs le voient nu. Voilà une préoccupation fréquente chez les enfants de cet âge.

Les besoins cognitifs

L'âge scolaire est une période de grande curiosité, notamment intellectuelle : l'école arrive à point pour répondre à cette soif d'apprendre. L'enfant est avide de découvrir le monde hors de son milieu familial et d'apprendre les règles qui le régissent. Entre autres, des activités comme un séjour dans un camp d'été, la participation à une équipe sportive ou la fréquentation de la bibliothèque municipale contribuent à satisfaire ces besoins. Bien sûr, les parents ont un rôle à jouer pour nourrir la curiosité de l'enfant, élargir ses champs d'intérêt et valoriser de nouveaux apprentissages.

Les besoins sociaux

De 6 à 12 ans, l'enfant a aussi besoin d'être en contact avec d'autres enfants, de se faire des amis, de partager leurs activités de jeu, de travailler en équipe. Les amis sont très importants à cet âge. L'enfant aime qu'ils viennent chez lui et il trouve agréable d'aller chez eux.

Les amis peuvent s'avérer à la fois des modèles et des motivateurs pour l'enfant. Avec eux, il apprend à négocier, à faire des compromis, à prendre sa place tout en respectant les autres. C'est en favorisant les contacts avec les autres, donc en satisfaisant ces besoins sociaux, qu'on aide l'enfant à devenir un être capable de vivre en société.

Différences entre les enfants

Tous les enfants sont distincts les uns des autres, ce que vous êtes à même de constater tous les jours si vous avez plus d'un enfant. Les caractéristiques propres à chacun sont notamment liées à leur tempérament.

Le tempérament[9] réfère à la façon personnelle de l'enfant de réagir et est décelable à quelques semaines de vie. Divers traits innés le constituent, dont le niveau d'activité (plus ou moins actif), le seuil de sensibilité (intensité du stimulus nécessaire pour le faire réagir), la réaction à la nouveauté (approche ou retrait), l'humeur générale (plutôt enjouée, plutôt irritable), la distractibilité (facilement distrait ou non), la persistance ou non dans l'effort devant les obstacles, l'intensité dans l'expression de ses émotions (expression vive ou plus discrète).

S'il existe une complémentarité entre les attitudes parentales et son tempérament, l'enfant se développe plus harmonieusement. Ainsi, le parent qui avertit d'un changement l'enfant qui réagit vivement à la nouveauté l'aide à s'y préparer. L'enfant plus actif a besoin de plus d'occasions de dépenser son énergie qu'un enfant plus calme. Un enfant plus facilement distrait bénéficiera d'un environnement dénué de stimulation pour faire ses devoirs, par exemple.

Ces caractéristiques innées, différentes d'un enfant à l'autre dans leur intensité, teintent son comportement mais, bien sûr, demeurent constamment sous l'influence de l'environnement. Les expériences que l'enfant vit dans son milieu influencent son comportement. L'interaction entre le tempérament et l'environnement contribue donc à former la personnalité de l'enfant: William est plus extraverti que Michael, qui est peu porté à s'épancher, Florence est plus individualiste que Maude qui demande toujours à être en compagnie d'autres jeunes, Nathan a des qualités de leader, contrairement à Chloé qui est plus à l'aise de suivre les directives d'un meneur.

Il va de soi que compte tenu de leur tempérament et de leur personnalité, les enfants présentent des intérêts différents les uns des autres. L'un adore les activités physiques alors qu'un autre préfère les activités plus intellectuelles comme les échecs. L'activité de choix de l'un est le dessin et celle de l'autre, le soccer.

En bref

En prenant le temps d'observer votre enfant dans ses activités courantes, vous pourrez découvrir ce qui le caractérise. Même si certaines généralités s'appliquent à l'ensemble des enfants, il ne faut jamais oublier de considérer l'individualité du vôtre.

Parents et enseignants : des modèles

Les modèles les plus importants pour l'enfant sont ses parents et il est aux premières loges pour les observer tous les jours. En voyant leur comportement, tant à son égard que dans le quotidien, l'enfant enregistre de nombreux messages. Très observateur, il note facilement toute incohérence entre ce que disent ses parents et ce qu'ils font. Une incohérence entre les paroles et le comportement des parents amène chez l'enfant de la confusion et sape leur autorité. L'enfant retient davantage leurs agissements comme modèle à suivre que les grands principes qu'ils énoncent. S'ils ne portent jamais de casque pour faire du vélo, pourquoi devrait-il en porter un, lui ?

Si la moutarde monte au nez de l'un des parents à la moindre contrariété, les chances sont grandes que l'enfant pique aussi de fréquentes crises de colère… comme son parent : il n'a pas devant lui un modèle de contrôle de ses émotions ni un modèle de patience et de tolérance. Dans le même sens, si les parents s'emportent quand leur enfant est en colère, celui-ci comprendra qu'ils ne sont pas contents, mais aussi qu'il est normal et tout à fait acceptable de se fâcher puisque c'est ce que font régulièrement ses parents.

Par la relation qu'ils entretiennent entre eux, les parents proposent également à l'enfant un modèle sur la façon de parler à l'autre et de l'écouter, de lui démontrer son affection, de discuter de points de divergence et de régler des différends. Si la relation entre les parents s'inscrit dans un climat de respect et d'écoute, l'enfant apprendra les avantages de la négociation, du compromis et d'une saine discussion, et il essaiera de reproduire ce modèle dans ses propres relations avec les autres.

Le meilleur moyen pour transmettre des valeurs à nos enfants, c'est de prêcher par l'exemple et d'être attentif à ce que notre comportement véhicule comme message. Comme le dit un proverbe chinois : « Quand on suit quelqu'un de bon, on apprend à devenir bon : quand on suit un tigre, on apprend à mordre. » Par ailleurs, le proverbe : « Fais ce que je dis, ne fais pas ce que je fais » ne fonctionne pas dans l'éducation d'un enfant.

Quand l'enfant entre à l'école primaire, il côtoie régulièrement de nouvelles personnes en autorité qui auront aussi de l'influence sur lui : ses enseignants. Après avoir affirmé quand il était plus jeune, « Maman (ou Papa) l'a dit » pour renforcer ses positions, maintenant on l'entend déclarer « L'enseignante l'a dit ». Parfois, l'avis de cette dernière pèsera plus lourd que celui des parents. C'est là une autre étape à franchir pour eux : ils doivent partager leur autorité avec un tiers.

Autres influences

La publicité (nourriture, achats divers)

Au Québec, la loi interdit depuis 1978 la publicité commerciale destinée aux enfants de moins de 13 ans[10]. L'Office de la protection du consommateur veille au respect de cette interdiction. Toutefois, la publicité destinée au grand public concernant la nourriture, les vêtements, les sorties familiales et les produits technologiques rejoint aussi les jeunes.

Saviez-vous que...

Dès l'âge de 4 ans, l'enfant peut reconnaître des logos de centaines de marques[11]. Voilà la preuve que les enfants sont imprégnés de publicité dès le plus jeune âge et cela ne change pas à l'âge scolaire.

On retrouve la publicité pour les jouets et les jeux vidéo dans des catalogues, des circulaires et sur Internet, entre autres. Elle valorise certaines marques, le choix de certains produits et incite à la surconsommation[12]; elle rejoint l'enfant dans plusieurs domaines de sa vie.

Plus du tiers des enfants de 6 ans croient systématiquement ce que disent les publicités; ce pourcentage tombe à moins de 10 % après 12 ans. Jusque vers 8 ans, l'enfant a du mal à distinguer entre l'information et la promotion[13] et il se laisse alors influencer par la publicité. Après cet âge, l'enfant est plus apte à comprendre la dimension persuasive de la publicité et vers l'âge de 10 à 12 ans, il peut même être critique envers celle-ci. Une étude du Medical Offer Health précise par ailleurs que:

> « Au-delà de l'âge de 8 ans, les enfants ont une plus grande habileté à répondre à la publicité d'une façon plus sophistiquée, mais les recherches ont déterminé

que plusieurs enfants âgés de 10-12 ans n'utiliseront pas leur sens critique pour interpréter les publicités à moins qu'ils soient poussés à le faire[14]. »

Concernant la nourriture, les enfants sont des cibles importantes pour les entreprises agroalimentaires. Aux États-Unis, les enfants dépensent 200 milliards de dollars par année en argent de poche et la majorité de ces dépenses sont consacrées à l'alimentation[15]. L'influence des enfants sur les achats familiaux était, en 2004, de l'ordre de 20 milliards de dollars au Canada[16]. Conscientes de cet énorme pouvoir d'influence des enfants, les compagnies de nourriture et les chaînes de restaurant utilisent des techniques de marketing agressives et sophistiquées pour les séduire, influencer leurs choix alimentaires et les inciter à exhorter leurs parents à acheter. Les enfants ont donc un pouvoir d'achat supérieur à ce qu'on pourrait imaginer.

Le plus souvent, ces achats sont effectués pour des aliments très caloriques, riches en gras, en sucre ou en sel et pauvres en valeur nutritive ; ils ne sont donc pas des choix santé. Plus les enfants passent de temps devant la télévision, plus ils développent une attitude positive envers la malbouffe, plus ils adhèrent aux messages des publicités sur la malbouffe et plus ils en mangent[17]. Cette situation a bien évidemment une incidence sur l'accroissement de l'obésité chez les jeunes.

Pour contrer l'effet de la publicité créée par le marketing et véhiculée par les médias, le parent ou l'adulte qui côtoie des enfants peut les aider à développer leur jugement et leur esprit critique afin qu'ils soient en mesure d'analyser les avantages et les désavantages de tels produits et contribuer de la sorte à en faire des consommateurs responsables.

Il est utile d'expliquer aux enfants le but de la publicité qui est de vendre un produit ou un service. Pour y parvenir, les publicitaires utilisent souvent les émotions, ils font miroiter le bonheur et n'hésitent pas à exagérer la qualité ou la valeur d'un produit. Vous pourriez demander à votre enfant d'imaginer une publicité pour un produit donné qu'il souhaiterait vous vendre[18]. Quand il aura réussi à vous convaincre (parce qu'il doit y arriver), vous pourriez voir avec lui comment il s'y est pris et comparer ses stratégies avec celles utilisées en publicité.

La publicité misant sur l'apparence des fillettes

Une autre sphère préoccupante de la publicité concerne l'apparence des fillettes qui doivent être belles, minces et surtout *sexy*. Cette tendance peut être reliée à un phénomène de plus en plus présent dans nos sociétés, soit l'hypersexualisation des fillettes[19]. L'hypersexualisation est l'usage excessif de stratégies axées sur le corps dans le but de séduire[20]. Il est désormais possible d'acheter des *strings* pour des fillettes, des soutiens-gorge rembourrés de taille 6 ans, des camisoles à paillettes avec des bretelles spaghetti, de mini bikinis et des ensembles de maquillage pour fillettes. Divers jeux gratuits et disponibles sur Internet invitent les fillettes à maquiller des mannequins ou à les habiller avec des vêtements *sexy*. Que dire des concours de Mini-Miss où des fillettes sont déguisées en femmes et doivent user de charme pour gagner le concours de beauté*, concours qui valorise l'obsession de l'image corporelle, les jeux de séduction et la volonté de plaire ? Les poupées Bratz® avec leur maquillage et leurs vêtements de femmes *sexy* en sont un autre exemple ; il existe même des bébés Bratz®, maquillés, vêtus de chandails découvrant le ventre et de mini-jupes ! De fait, de plus en plus tôt, les fillettes sont bombardées d'images sexualisées et sexistes par les spécialistes du marketing et les médias.

---

*   En septembre 2013, 35 000 personnes ont signé une pétition demandant d'interdire la tenue d'un tel concours qui devait avoir lieu à Laval, au Québec. Elles ont obtenu gain de cause.

Les clips des idoles des jeunes montrent aussi de telles images. À titre d'exemple, mentionnons Miley Cyrus, vedette de la série pour enfants *Hannah Montana* de 2006 à 2011. La série fut suivie par de très nombreuses jeunes filles dont Hannah Montana était l'idole. Depuis, Miley Cyrus a fait un virage majeur pour devenir une *pop star*. Ses clips la montrent toujours dans des tenues très dénudées et provocantes. Ils sont empreints d'une connotation sexuelle très explicite. Ce changement d'image, passant de la petite fille sage à la bombe sexuelle, peut laisser croire à ses admiratrices d'hier que c'est là un passage obligé pour continuer à plaire. De nombreux clips visionnés par les jeunes présentent aussi des scènes osées et des chanteuses peu vêtues ou très *sexy*: une autre source d'influence non négligeable pour les jeunes qui y voient des modèles à suivre.

Il n'est pas étonnant que la valorisation excessive de l'apparence et du pouvoir de séduction puisse avoir des effets négatifs sur les jeunes filles, comme le mentionne le rapport de l'Association américaine de psychologie[21] : il semble en effet que plus les jeunes filles consomment des images stéréotypées, plus elles sont susceptibles de souffrir de troubles alimentaires et d'une faible estime de soi. De fait, étant à l'âge de la recherche de modèles d'identification, les fillettes de 6 à 12 ans tentent d'une part de ressembler à ces modèles qu'elles admirent, mais d'autre part, se rendent compte qu'ils sont inaccessibles.

Face à ce phénomène, l'échange entre les parents et la jeune est certainement le meilleur moyen de développer son esprit critique. Les parents qui veulent en savoir plus à ce sujet sont invités à visionner le très bon documentaire de Sophie Bissonnette, *Sexy inc. – Nos enfants sous influence*[22].

Les écrans

Aujourd'hui, presque tous les enfants d'âge scolaire ont accès à des ordinateurs, des jeux vidéo, des tablettes électroniques, des iPod, des téléphones intelligents. Beaucoup sont inscrits sur les réseaux sociaux même si l'âge minimum requis pour s'inscrire sur Facebook est 13 ans[23]. Cette immersion massive dans le monde virtuel représente une autre influence importante pour l'enfant d'âge scolaire. Nous en reparlerons plus en détail au chapitre 7.

Les pairs

Comme les amis sont importants à cet âge — ce que nous verrons plus en détail au chapitre 5 —, il n'est pas étonnant que ceux-ci soient également une importante source d'influence pour l'enfant. Celui-ci souhaitera posséder les mêmes jouets, les mêmes jeux électroniques, les mêmes vêtements que ses amis, faire les mêmes voyages qu'eux. Il utilisera ses amis comme référence pour obtenir ce qu'il veut, mais aussi pour négocier des permissions. Ici encore, le dialogue est la meilleure approche à privilégier, permettant à la fois d'écouter le point de vue l'enfant et d'expliquer votre position.

Finalement, avant d'aborder chacune des sphères de développement et de décrire les habiletés et intérêts de l'enfant de 6 à 12 ans, voici quelques stratégies qui peuvent s'avérer fort utiles pour les parents.

Quelques stratégies pour vivre avec votre enfant en restant zen[24]

1. Choisir ses batailles

Il est essentiel de choisir ses batailles et de tenir son bout pour des choses qui en valent vraiment la peine, sinon le quotidien risque de devenir une lutte constante avec l'enfant. Pour ce faire, il faut distinguer entre les accidents qui sont par définition involontaires et qui ne méritent pas une vive réaction de votre part, les comportements tolérables qui ne correspondent pas à ce que vous souhaitez, mais qui peuvent être tolérés puisqu'ils ne menacent ni la sécurité ni la santé de l'enfant, et les comportements inacceptables qui, eux, demandent de votre part une réaction ferme, démontrant que vous ne tolérez pas ce genre de comportement. Si l'on ne fait pas ces distinctions, on dépense beaucoup d'énergie pour des situations qui ne le méritent pas.

2. Lâcher du lest

Pour développer sa personnalité, l'enfant a besoin d'une marge de manœuvre qu'il ne trouve pas si on lui demande constamment d'agir à notre façon. Par ailleurs, vouloir tout contrôler demande beaucoup d'énergie et risque d'entraîner chez l'enfant la réaction inverse de celle qui est recherchée. Alors il est important de lâcher du lest et d'accepter que les choses ne soient pas toujours faites à notre façon.

3. Créer une atmosphère détendue dans votre foyer

La famille est l'endroit où les enfants doivent se sentir aimés et en sécurité; ce devrait être un havre où chacun, parents et enfant, a hâte de revenir. Avec un peu d'humour et d'imagination, il est facile de mettre du soleil dans sa maison et de créer une vie familiale agréable.

Notes

1. BEE, H. et D. Boyd (2008). *Les âges de la vie*, 3ᵉ édition. Montréal: Éditions du renouveau pédagogique.

2. OWENS, J., A. SPIRITO, M. McGUINN, C. NOBILE (2000). «Sleep habits and sleep disturbance in elementary school-aged children». *Journal of Developmental and Behavioral Pediatrics*, 21, 27-36.

3. INSTITUT NATIONAL DE SANTÉ PUBLIQUE. *Le poids corporel chez les enfants et adolescents de 1978 à 2005*:
www.inspq.qc.ca/pdf/publications/936_PoidsEnfant1978-2005.pdf [Consulté le 27 février 2014].

4. SOCIÉTÉ CANADIENNE DE PÉDIATRIE. *Grandir: De l'information pour les filles au sujet de la puberté.*
www.soinsdenosenfants.cps.ca/handouts/information_for_girls_about_puberty, mise à jour en mars 2013 [Consulté le 27 février 2014].

5. *Ibid.*

6. Voir DELAGRAVE, M. (2005). *Ados: mode d'emploi*. Montréal: Éditions du CHU Sainte-Justine, 2005 et BOISVERT, C. (2003). *Parents d'ados — De la tolérance nécessaire à la nécessité d'intervenir*. Montréal: Éditions du CHU Sainte-Justine.

7. Voir FERLAND, F. (2014). *Le développement de l'enfant au quotidien – de 0 à 6 ans, 2ᵉ édition*. Montréal: Éditions du CHU Sainte-Justine.

8. FERLAND, F. (2012). *Viens jouer pour le plaisir et la santé*. Montréal: Éditions du CHU Sainte-Justine.

9. Pour approfondir ce concept, voir l'ouvrage de Michel MAZIADE: *Guide pour parents inquiets – Aimer sans se culpabiliser*. Montréal: Éditions du CHU Sainte-Justine, 2012.

10. Chapitre P-40.1 Loi sur la protection du consommateur, Éditeur officiel du Québec.
www2.publicationsduquebec.gouv.qc.ca/dynamicSearch/telecharge.php?type=2&file=/P_40_1/P40_1.html, articles 248 et 249, consultés le 4 mai 2014.

11. *Vos enfants et la pub*. (2008). Cahier produit en collaboration par l'Office de la protection du consommateur et les Éditions Protégez-Vous
www.opc.gouv.qc.ca/fileadmin/media/documents/consommateur/sujet/publicite-pratique-illegale/EnfantsPub.pdf, consulté le 4 mai 2014.

12. *Publicité et enfants: attention!*, Extenso.
www.extenso.org/article/publicite-et-enfants-attention/, dernière modification 27 novembre 2007, consulté le 7 mai 2014.

13. *Vos enfants et la pub* (2008). *Op. cit.*

14. Medical Offer of Health (2008). *Food and Beverage Marketing to Children*, Toronto.

15. NADEAU, M.-È. *La publicité alimentaire destinée aux enfants*.
http://cqpp.qc.ca/documents/file/2011/Rapport_Pub-aux-enfants-Recension-effets-strategies-tactiques_2011-01.pdf, janvier 2011 [Consulté le 4 mai 2014].

16. *Ibid.*

17. DIXON, H. G. et coll. (2007). «The effects of television advertisements for junk food versus nutritious food on children's food attitudes and preferences». *Social Science & Medicine*, 65, 7, 1311-1323

18. *Vos enfants et la pub* (2008). *Op. cit.*

19. BERGERON, L. (2011). Hypersexualisation – Sexy Baby, *Protégez-vous*, 10-11.

20. MAHER, I. (2010). La mode sexualisée – Symptôme d'un malaise, *Gazette des femmes*.
www.gazettedesfemmes.ca/861/la-mode-sexualisee-symptome-dun-malaise/ [Consulté le 22 mars 2014].

21. AMERICAN PSYCHOLOGICAL ASSOCIATION (2007). Sexualization of girls www.apa.org/pi/women/programs/girls/report.aspx [Consulté le 22 mars 2014].

22. Film de Sophie Bissonnette, *Sexy Inc. – Nos enfants sous influence*, Office national du film.
www.onf.ca/film/sexy_inc_nos_enfants_sous_influence/, 2007 [Consulté le 20 mars 2014].
Une série de quatre vidéos, faite par le Y des femmes de Montréal, est également disponible sur le site:
http://capsule.dev.ydesfemmesmtl.org/

23. http://fr-fr.facebook.com/help/210644045634222 [Consulté le 4 avril 2014].

24. Tiré de FERLAND, F. (2006). *Pour parents débordés et en manque d'énergie*. Montréal: Éditions du CHU Sainte-Justine.

CHAPITRE 2

La motricité

Bien observés, nos enfants sont pour nous
de bons éducateurs.

Pierre Dehaye

Il faut une très grande maturité pour être capable
d'être parent, car cela implique d'être conscient que ce
n'est pas une situation de pouvoir, mais une situation de
devoir, et qu'on n'a aucun droit à attendre en échange.

Françoise Dolto

On ne peut donner que deux choses à ses enfants :
des racines et des ailes.

Proverbe juif

Tout au long des premières années de sa vie, votre enfant a développé les habiletés motrices de base : marcher, courir, s'accroupir, saisir et utiliser des objets, maintenir son équilibre, coordonner ses mouvements. À compter de 6 ans et au cours des années subséquentes, vous pourrez remarquer un raffinement dans ses gestes.

Ce chapitre traitera de la motricité globale et de la motricité fine de votre enfant. La motricité globale réfère aux mouvements utilisant les grands groupes musculaires du corps. Elle concerne, entre autres, les déplacements, les différentes positions, l'équilibre et la coordination de tout le corps. Quant à la motricité fine, elle fait appel aux petits muscles de la main et des doigts. Elle concerne la coordination œil-main de même que l'utilisation des mains pour atteindre les objets, les saisir, les manipuler avec précision et minutie et les utiliser avec dextérité.

Différences entre garçons et filles

De 6 à 12 ans, les aptitudes physiques des garçons et des filles sont fort semblables, mais en général, les garçons ont les avant-bras plus forts et les filles sont plus souples. En fait, les garçons ont habituellement une meilleure motricité globale, tandis que les filles ont une motricité fine plus développée[1].

Avant la puberté, la force musculaire des garçons et des filles reste assez semblable[2]. Vers 12 ans toutefois, les garçons sont un peu plus rapides et un peu plus forts physiquement, compte tenu de leur masse musculaire légèrement plus importante que celle des filles. En moyenne, l'accroissement en force des filles culmine pendant les années de croissance maximale (11,5 à 12,5 ans) et celui des garçons un an après le pic de croissance (14,5 à 15,5 ans)[3].

Évolution de la motricité globale

Tout au long de la période scolaire, l'enfant devient plus rapide, plus précis, plus gracieux. Ses gestes sont progressivement plus souples et ses mouvements, mieux coordonnés.

De 6 à 12 ans, notamment à cause du ralentissement de la croissance à cet âge, l'enfant est plus adroit qu'il ne l'était dans sa petite enfance ou qu'il le sera à l'adolescence. Pendant ces deux autres périodes, la croissance en taille et en morphologie est rapide : l'enfant doit s'adapter aux changements de son corps, ce qui entraîne plusieurs maladresses.

La force musculaire s'amplifie progressivement et elle influence la capacité de performance motrice dans les activités sportives. Elle joue également un rôle dans la prévention des blessures pendant ces activités.

D'année en année, l'enfant peut courir plus vite et faire de l'exercice plus longtemps : son endurance à l'effort augmente. Le raffinement de ses habiletés motrices lui permet éventuellement d'atteindre un degré de maîtrise motrice qui correspond à celui de l'adulte.

Gabriel

Gabriel, 9 ans, adore faire la course avec ses amis. C'est l'une de ses activités préférées. Il court vite et sur de longues distances. Quand son école organise des compétitions, il est heureux comme un roi. Il a hâte d'être plus vieux pour participer à un vrai marathon.

L'activité physique est fortement recommandée pour l'enfant d'âge scolaire puisqu'elle contribue au bon développement et au renforcement du squelette, des muscles et des articulations. Les expériences motrices les plus diversifiées favorisent la maturation du cerveau et rendent le corps plus vigoureux. Sans oublier que les activités physiques offrent aussi un exutoire à l'énergie débordante de l'enfant.

La coordination, qui peut se définir par la capacité de réaliser une action motrice précise et intentionnelle avec vitesse, efficacité et fiabilité, doit être stimulée tôt dans l'enfance, puisque ce serait avant 10 ans que l'enfant acquiert une multitude d'habiletés motrices et gestuelles[4]. Il est également recommandé d'apprendre très tôt à l'enfant les techniques d'autoétirement, car l'amplitude articulaire décroît très rapidement dès la puberté et elle doit être entretenue régulièrement pour maintenir la souplesse.

Les habiletés

Il est difficile de préciser des âges spécifiques pour chacune des habiletés motrices observables chez l'enfant d'âge scolaire puisque l'âge d'apparition de ces capacités peut être très différent d'un enfant à l'autre. Une même aptitude pourra être présente chez un enfant dès l'âge de 7 ans et chez un autre, moins intéressé par les jeux moteurs, vers 8 ou 9 ans. Voilà pourquoi il faut considérer les âges mentionnés ci-après seulement comme des points de référence.

Les habiletés à différents âges

1. À 6-7 ans

Comme l'enfant a une plus grande aisance corporelle, qu'il est mieux coordonné et qu'il a un meilleur équilibre, il peut dorénavant poser des gestes plus complexes. Il est capable de :

› sauter vers l'avant, l'arrière, les côtés, à l'extérieur et à l'intérieur d'une surface ;
› sauter à pieds joints et à cloche-pied en alternant pied droit et pied gauche ;
› courir en franchissant des obstacles et en changeant brusquement de direction ;
› attraper un ballon en décollant les coudes de la poitrine ;
› faire bondir un ballon et commencer à dribler ;
› ramper[5].

Ces diverses habiletés constituent la base des automatismes requis par les techniques sportives.

Vers 7 ans, l'enfant peut marcher sur une ligne droite, le talon gardant contact à chaque pas avec l'autre pied.

2. De 8 à 12 ans

À 8 ans, il peut sauter sur un pied plus de 20 fois d'affilée. C'est par ailleurs à partir de 9 ans que les capacités d'endurance augmentent[6] ; l'enfant peut alors fournir un effort plus longtemps qu'avant. Entre 9 et 11 ans, il peut faire sans élan un saut en longueur d'un mètre à un mètre cinquante et courir à une vitesse de 5 m/s. Un enfant de 10 ans est généralement capable de lancer une balle deux fois plus loin qu'à 6 ans[7].

Les activités stimulant la motricité globale

Compte tenu du raffinement de ses habiletés motrices, dès 6 ou 7 ans, l'enfant peut s'adonner à des jeux moteurs plus complexes tels que jouer au ballon, exécuter certains mouvements gymniques ou de danse, apprendre certaines techniques sportives et diverses techniques de nage. Toutefois, il patine difficilement. À compter de 6 ans, l'enfant est également apte à sauter à la corde. Cette activité n'est pas réservée qu'aux filles puisqu'elle figure aussi au programme d'entraînement des boxeurs. Quelques années plus tard, l'enfant pourra apprendre à sauter avec deux cordes : ces dernières sont tournées en sens inverse l'une de l'autre par des partenaires. L'enfant doit alors choisir le bon moment pour *entrer* dans les cordes, sauter en suivant leurs mouvements et en *ressortir* sans les toucher. Voilà une excellente activité pour stimuler la motricité globale de l'enfant, de même que sa perception de l'espace et sa capacité à évaluer la vitesse des cordes pour déterminer le moment approprié pour sauter. Un exercice très complexe !

Entre 8 et 10 ans, l'enfant peut apprendre à ramer[8], à jouer au ping-pong et aux fléchettes avec embouts de caoutchouc.

Au cours de la période scolaire, le jeune manifeste un intérêt particulier pour des gestes inhabituels comme marcher sur la bordure d'un trottoir, faire des culbutes, tenter de garder son équilibre sur la tête, marcher sur des échasses. Le jeu Twister® répond bien à cet intérêt : en posant un pied et une main sur les pastilles de couleur indiquées par la flèche sur un carton, l'enfant doit maintenir des positions inattendues jusqu'à ce que l'autre joueur ait pris sa position.

De nouveaux jeux moteurs avec équipement lui sont dorénavant accessibles : patins à roues alignées, planche à roulettes (*skateboard*) et vélo.

Patins à roues alignées, planche à roulettes, vélo

Les patins à roues alignées et la planche à roulettes requièrent beaucoup d'équilibre et un bon contrôle de tout le corps. De plus, l'enfant doit juger correctement la vitesse et les distances et être en mesure d'effectuer les manœuvres d'évitement des obstacles. Les patineurs débutants ont souvent tendance à sous-estimer leur vitesse lorsqu'ils patinent et ils peuvent éprouver de la difficulté à s'arrêter[9]. Il leur arrive également de perdre l'équilibre en raison de dangers ambiants, tels que du gravier, des débris, le mauvais état de la route ou des obstacles. La réaction typique est de tendre les bras en tombant, ce qui peut entraîner l'hyperextension des poignets, puis leur fracture[10].

Pour prévenir les blessures, certaines règles de sécurité s'imposent. L'équipement de l'enfant qui fait du patin à roues alignées doit inclure un casque protecteur — qui peut être le même que pour le vélo —, des protège-poignets et des genouillères. Pour s'adonner à la planche à roulettes, l'enfant doit aussi porter des protège-poignets, des genouillères et un casque qui est cependant différent de celui qui est utilisé pour faire du vélo : il couvre une plus grande partie de l'arrière de la tête et est conçu pour résister à plusieurs impacts subis au même endroit. Il a été démontré que ceux qui ne portent pas de casque sont 13 fois plus à risque de souffrir de traumatismes crâniens[11].

Quant à la conduite de la bicyclette, certains préalables sont requis : l'enfant doit avoir un bon contrôle postural pour se tenir sur le vélo en mouvement, un bon sens de l'équilibre, avoir intégré les différentes portions de son corps (le haut, le bas, la gauche, la droite), avoir une certaine force dans les jambes et une bonne stabilité aux épaules[12].

L'ajustement du vélo nécessite que la selle soit placée de façon à ce que l'enfant, lorsqu'il est assis, puisse poser ses deux pieds à plat sur le sol[13]. Cela lui assure une bonne stabilité, tant au départ qu'à l'arrêt. Avant ses premiers essais, il faut lui indiquer la bonne position : avoir le dos droit et la tête relevée, bien tenir le guidon et regarder au loin. Il faut aussi, bien sûr, lui expliquer comment utiliser les freins. Pour faciliter le premier contact avec le vélo, on peut suggérer à l'enfant de le pousser en marchant à ses côtés sur une petite distance, alors qu'il regarde toujours devant lui.

Pour l'entraînement, un endroit sans circulation (un stationnement vacant ou un parc très tranquille, par exemple) est tout indiqué. L'enfant doit s'entraîner à monter et descendre seul de son vélo. Pour apprendre à démarrer, une méthode simple consiste à bloquer le vélo en serrant les freins et à lever une pédale sur laquelle l'enfant pose le pied. Il lâche ensuite les freins et pousse sur la pédale pour avancer. Lorsque son autre pied vient se poser sur la deuxième pédale, l'enfant n'a plus qu'à pédaler à un rythme régulier et à tenir le guidon de façon stable pour conserver son équilibre. Il faut cependant s'assurer que les pieds de l'enfant sont correctement posés sur les pédales.

Pour aider l'enfant, on peut tenir la selle et le guidon du vélo pendant qu'il tente de trouver ses repères. Quand on sent que l'enfant est apte à rouler seul, on lâche tout doucement le guidon, puis la selle. Il sera le premier surpris de constater qu'il est seul aux commandes ! Ce nouvel apprentissage peut causer quelques maux de dos à l'adulte accompagnateur — surtout si l'enfant tarde à trouver son équilibre —, mais le jeu en vaut la chandelle !

Les enfants de moins de 10 ans ne devraient pas se déplacer en bicyclette au milieu de la circulation. Leurs aptitudes physiques et intellectuelles ne leur permettent pas de maîtriser leur bicyclette en toute sécurité dans la circulation et ils ne sont pas en mesure de comprendre ce que les conducteurs attendent des cyclistes.

En bref ....

Toutes les activités sur roues stimulent la motricité de l'enfant et requièrent du jugement de la part de l'enfant ainsi qu'une bonne perception de l'espace et de son corps.

....

Sports

Ce n'est qu'à partir de 6 ans qu'un enfant peut commencer à pratiquer un sport plus sérieusement et c'est à partir de 10 ans qu'il peut se lancer dans une pratique sportive plus soutenue. Avant cet âge, l'enfant peut bien sûr suivre des initiations à différents sports (minifoot, minibasket, minitennis…).

À 6 ou 7 ans, la natation et le soccer, qui requièrent des habiletés à la portée des jeunes de cet âge, offrent de bons exercices aérobiques même si certains enfants ont du mal à botter le ballon tout en se déplaçant[14]. Le baseball, par contre, exige une bonne coordination visuelle et motrice (œil et main) pour frapper la balle avec le bâton, coordination que la plupart des enfants de cet âge ne possèdent pas encore ; c'est vers 10 ans que la majorité des enfants sont en mesure de jouer correctement au baseball[15].

Quant au ski, bien qu'un jeune enfant puisse apprendre à marcher avec les skis et faire des glissades sur de très petites pentes, ce n'est que vers 5 ans que son corps lui permet d'anticiper, de se rééquilibrer en se mettant en avant ou en arrière. Ceux qui commencent leur apprentissage à 6 ans partent d'emblée à l'abordage des pistes.

À 8 ans, l'enfant est en âge de respecter des règles et ses gestes ont atteint une certaine efficacité motrice qui lui permet de pratiquer des sports individuels tels que l'athlétisme, la gymnastique rythmique et sportive, la danse, les arts martiaux, le tennis, l'escrime et l'aviron. Les sports collectifs, qui stimulent la socialisation, peuvent également être pratiqués : football, hand-ball, basketball. À partir de 9 ans, le goût de la compétition apparaît[16].

Éviter les excès

1. L'entraînement ne doit jamais être trop poussé, il doit rester ludique et adapté au gabarit de chacun.

Pratiquée trop précocement et de manière excessive, la gymnastique peut favoriser l'apparition d'une lordose — déformation de la colonne vertébrale — et, parfois, de lésions osseuses à cause d'exercices de souplesse très exigeants[17].

Par ailleurs, mieux vaut éviter les pratiques sportives extrêmes (haltérophilie, ski acrobatique...), car « les entraînements intenses et répétés qu'elles requièrent sont susceptibles de générer des stress psychologiques de compétitions et des microtraumatismes récurrents, qui (...) peuvent être à l'origine d'un blocage transitoire de la croissance en poids et en taille[18] ».

Les activités sportives ont différents impacts sur l'enfant. Si elles lui permettent de canaliser son énergie débordante et lui offrent parfois des expériences de réussite alors qu'il éprouve des difficultés scolaires, elles peuvent aussi devenir une corvée, notamment quand l'enfant se sent investi de la mission de réaliser les ambitions de ses parents.

Pour encourager votre enfant à faire du sport

Pour choisir une activité sportive, la motivation de votre enfant est le premier critère à considérer. Le sport envisagé doit intéresser votre enfant et il doit avoir du plaisir à le pratiquer. Privilégiez un programme où tous les enfants sont traités sur un pied d'égalité et reçoivent un entraînement approprié ainsi que des encouragements, et où l'esprit de compétition n'est pas exacerbé. Évitez de trop pousser votre enfant à obtenir de bons résultats : il risque d'abandonner autour de 10 ou 11 ans, comme nombre d'enfants, en disant qu'il ne se sent pas assez bon ou qu'il n'y trouve plus aucun plaisir.

Entre 6 et 9 ans, il pourrait être tenté d'expérimenter des sports différents chaque année ; c'est une façon pour lui de trouver ses véritables intérêts. Mieux vaut le laisser toucher à tout plutôt que de lui imposer votre choix.

Si votre enfant n'aime pas les sports d'équipe, peut-être appréciera-t-il davantage des sports individuels : nage, danse, ski, patinage.

Autres activités extérieures

Si votre enfant n'a pas l'âme d'un sportif, il serait souhaitable qu'il développe un intérêt pour l'extérieur où le jeu est plus actif qu'à l'intérieur et la motricité globale, davantage stimulée. Pour lui faire découvrir le plaisir d'aller dehors, vous pourriez lui suggérer d'y faire une activité rejoignant un de ses intérêts. Ainsi, s'il aime dessiner, il pourrait s'inspirer de modèles observés dans la nature (arbres, fleurs, animaux) ; s'il aime les sciences naturelles, il pourrait avoir plaisir à cueillir les feuilles de différents arbres pour constituer un herbier. La nature est toute indiquée pour les jeux d'orientation avec une boussole, l'observation des oiseaux ou la photographie de paysage.

De nombreuses autres activités extérieures peuvent intéresser l'enfant d'âge scolaire si elles sont faites avec des amis ou en famille : les randonnées en forêt, les excursions dans la nature, la cueillette de petits fruits, les glissades sur la neige. On peut aussi y jouer à la cachette, au Frisbee®, à la tague, à la marelle

Transport actif

Comment votre enfant se rend-il à l'école ? En transport scolaire, en voiture ou par transport actif ? On entend par *transport actif* toute forme de déplacement où l'énergie motrice est fournie par l'individu : la marche, le vélo, le patin à roues alignées. Le Groupe de recherche Ville et mobilité a publié en 2010 une étude réalisée en collaboration avec l'Institut national de santé publique du Québec[19] portant sur *le transport actif et le système scolaire*. Il en ressort que de nos jours, les déplacements des enfants vers l'école primaire sont en majorité motorisés : automobile (34 %) et transport scolaire (28 %). Le transport collectif et le vélo sont des modes marginaux. Pourtant, selon Kino-Québec, 80 % des enfants du primaire habitent à moins d'un kilomètre et demi de l'école, mais seulement un sur trois s'y rend à pied ou à vélo[20].

Marcher pour aller à l'école est une façon d'atteindre le temps d'activité physique recommandé (voir encadré à la page suivante) en plus de fournir l'occasion à l'enfant de socialiser avec ses camarades, de découvrir et de s'approprier l'espace de son quartier.

Besoin physique non satisfait?

Une étude[21] réalisée par la Direction de la santé publique de Montréal auprès de 139 écoles primaires révèle que l'élève typique est actif moins de 30 minutes quotidiennement, même si on considère les cours d'éducation physique, les récréations, l'heure du dîner, les activités parascolaires, le temps passé en service de garde. Ce résultat est inférieur aux niveaux d'activité physique recommandés par l'Office de la santé publique du Canada[22] qui préconise que **les enfants âgés de 5 à 11 ans devraient accumuler au moins une heure d'activité physique d'intensité modérée à élevée tous les jours.** Pas étonnant alors qu'une pratique insuffisante de jeux moteurs permettant d'évacuer la fébrilité suscitée par de longues heures passées assis en classe (ou devant l'écran de l'ordinateur) engendre chez l'enfant, surtout chez le garçon, des problèmes de concentration à l'école.

L'enfant de 6 ou 7 ans a, bien sûr, besoin d'apprendre les règles de sécurité à respecter. Si aucun enfant du voisinage ne peut se rendre à l'école avec votre enfant, peut-être son frère (ou sa sœur) plus vieux pourrait l'accompagner pendant quelque temps. Sinon, vous-même pouvez suivre votre enfant pendant quelques jours pour vous assurer que le trajet se fait en toute sécurité : cet accompagnement à distance pourra également rassurer votre enfant s'il est craintif de se déplacer seul. Le temps vous manque le matin ? Pourquoi alors ne pas y consacrer quelques minutes pendant la fin de semaine ?

En bref

En plus des avantages sur la santé physique de votre enfant et sur sa socialisation, le transport actif favorise aussi son autonomie et son sens des responsabilités.

Évolution de la motricité fine

La motricité fine implique entre autres la préhension, la dextérité, la minutie dans le geste. La coordination œil-main est également requise, car pour être efficaces, les mouvements des mains doivent être coordonnés avec la vue ; ainsi, pour réussir à écrire sur une ligne, les yeux de l'enfant doivent diriger son geste. Lorsque l'habileté devient « automatique », la vision n'est plus essentielle pour guider le comportement moteur[23].

À l'âge scolaire, la motricité fine de l'enfant s'améliore sensiblement : ses gestes deviennent plus fluides et plus raffinés. On peut s'en rendre compte en l'observant dans ses bricolages, ses dessins et ses activités d'écriture.

La motricité fine influence-t-elle la performance scolaire ? L'analyse de certaines données de l'*Étude longitudinale du développement des enfants du Québec* (ÉLDEQ 1998-2010), conduite par l'Institut de la statistique du Québec avec la collaboration de différents partenaires, a fait ressortir une association positive entre la motricité fine à la maternelle et le rendement ultérieur en lecture et en écriture, de même qu'au rendement scolaire global en quatrième année du primaire[24].

Les habiletés

Les habiletés de motricité fine permettent à l'enfant d'âge scolaire de poser de nouveaux gestes et facilitent l'activité d'écriture.

Trois gestes précis

La *manipulation d'objets dans la main* permet de déplacer des objets placés dans la paume vers le bout des doigts. C'est le geste que pose l'enfant quand, par exemple, il laisse tomber une à la fois des billes qu'il tient dans sa paume fermée.

Une autre habileté consiste à exécuter des *mouvements bilatéraux, rapides et alternés*, par exemple en déposant les paumes de ses deux mains tournées vers la table puis vers le plafond, puis vers la table et ainsi de suite dans un mouvement rapide : ce mouvement s'appelle la *diadococinésie*.

Enfin la *dissociation des doigts* — soit la capacité d'utiliser un ou plusieurs de ses doigts de façon indépendante des autres — est nécessaire à l'enfant dans de nombreux gestes. Cette habileté, que l'enfant développe à la période préscolaire, se raffine et est mise à profit à l'âge scolaire, entre autres pour écrire avec un crayon ou à l'ordinateur, tenir les broches d'un tricot, manipuler une manette de console de jeu.

Écriture

L'écriture, une activité exigeante sur le plan de la motricité fine, requiert une coordination œil-main adéquate, une bonne organisation dans l'espace de même qu'une précision de mouvement. Pour parvenir à écrire, l'enfant doit contrôler les muscles et les articulations de l'épaule, du bras, du coude, du poignet et des doigts. L'épaule étant stable, l'articulation du coude contrôle le déplacement de la main sur la ligne alors que le poignet favorise les mouvements d'allers et retours dans l'écriture des lettres. Quant aux doigts, ils permettent la saisie du crayon, entre le pouce et l'index légèrement fléchis et appuyés sur le majeur, pas trop près ni trop loin de l'extrémité inférieure (environ deux à trois centimètres) : c'est la prise en trois points. Certains enfants saisissent le crayon à quatre doigts, soit le pouce opposé à l'index et au majeur et appuyé sur l'annulaire : cette prise du crayon peut être presque aussi fonctionnelle que la précédente[25]. La feuille doit être disposée dans le prolongement de l'avant-bras.

Lors de l'apprentissage de l'écriture, l'enfant prend conscience qu'elle a une dimension spatiale considérant l'orientation de gauche à droite, la formation des lettres, la direction des traits et l'agencement des caractères. Apprendre à écrire est un exercice qui demande pratique et patience avant de devenir automatique.

Habiletés motrices

1. De 6 à 8 ans, l'enfant :

› peut écrire des lettres de taille plus petite et plus uniforme qu'avant ;

› découpe dorénavant avec plus de précision des formes complexes, tels des losanges ;

› manipule la pâte à modeler avec plus de force ;

› peut apprendre à faire de l'origami[26], en produisant d'abord des modèles simples, tels des avions, des chapeaux et des bateaux.

2. De 9 à 11 ans, l'enfant :

› maîtrise l'écriture cursive ;

› utilise de nouveaux outils : agrafeuse, marteau, aiguille à coudre, à tricoter ;

› peut faire des constructions plus complexes requérant l'utilisation d'écrous et de vis.

Ciseaux de gaucher

Si votre enfant est gaucher, pensez à lui offrir des ciseaux de gaucher. S'il utilise des ciseaux de droitier, les lames seront écartées au lieu d'être rapprochées et la feuille glissera entre les lames. Pour mieux contrôler son geste, l'enfant tentera d'augmenter la force appliquée sur les ciseaux et le papier sera souvent tordu ou déchiré[27].

Les activités stimulant la motricité fine

De nombreux jeux commerciaux et activités stimulent la motricité fine de l'enfant.

Jeux commerciaux, jonglerie et autres

Voici cinq jeux auxquels vous avez peut-être joué étant enfant et qui sollicitent des habiletés de motricité fine[28].

▸ Lite Brite® : un jeu constitué d'une boîte à lumière dans laquelle on insère de petites chevilles de couleur qui permettent de créer des motifs lumineux. Ce geste stimule la pince pouce-index, la manipulation d'objets dans la main et la dextérité de l'enfant. L'enfant de 6 ans et plus saura reproduire des motifs plus complexes.

▸ Bataille navale® : un jeu de société dans lequel deux joueurs doivent placer des « navires » sur une grille tenue secrète et tenter de « toucher » les navires adverses ; la planche de jeu est petite de même que les chevilles à insérer pour marquer les coups. Outre des stratégies cognitives et une bonne organisation de l'espace, ce jeu requiert la pince pouce-index, une bonne coordination œil-main de même que la manipulation des chevilles dans la main.

❱ Puissance 4® : un jeu de stratégie dont le but est d'aligner 4 pions à la verticale, l'horizontale ou diagonale, sur une grille comptant 6 rangées et 7 colonnes. Outre la planification et la stratégie requises, ce jeu exige une préhension originale puisque l'enfant doit tenir les pions de façon latérale, un peu comme on tient une clé.

❱ Dessin avec lacet : un jeu où l'enfant reproduit des images sur un cadre à l'aide de lacets de couleur. Ce jeu stimule la planification motrice, la coordination œil-main et un peu de patience pour réussir à reproduire toute l'image.

❱ Mikado® : un jeu d'adresse composé d'un ensemble de baguettes qu'on laisse tomber de façon à ce qu'elles s'enchevêtrent, avant de les retirer, une à une, sans faire bouger les autres. Jeu très exigeant pour le contrôle moteur : le moindre tremblement et on passe son tour !

La jonglerie est accessible aux enfants de 8 ans et plus ; cette activité demande beaucoup de dextérité, de coordination œil-main et une bonne rapidité d'exécution. On débute avec des foulards, plus faciles à manipuler que des balles.

Vers 10 ans, l'enfant a les habiletés requises pour réaliser des modèles réduits, des maquettes et des casse-tête plus complexes, ou pour effectuer des travaux de broderie, de tricot et de couture. Il est dorénavant capable d'enfiler une aiguille.

Instruments de musique

Le raffinement de la motricité fine de l'enfant le rend apte à apprendre à jouer d'un instrument de musique. En principe, l'enfant d'environ 7 ans a plus de chances d'être prêt — physiquement et intellectuellement — à commencer une formation musicale[29]. L'âge recommandé pour commencer un tel apprentissage varie cependant en fonction de l'instrument choisi.

Dès l'âge de 5 ans, alors qu'il peut utiliser ses mains de façon indépendante, l'enfant peut commencer à jouer du piano. Quant à la guitare, elle requiert une certaine force pour maintenir la pression sur les cordes, force que l'enfant n'a habituellement pas avant l'âge de 8 ans. Par ailleurs, il faut aussi tenir compte de la taille, de la maturité et du niveau de concentration de son enfant pour déterminer s'il est apte à apprendre à jouer de cet instrument. Pour les instruments à vent (clarinette, saxophone, tuba), ce n'est habituellement pas avant l'adolescence que l'enfant a le souffle nécessaire pour produire un son.

Bricolage

Les nombreux gestes requis lors d'un bricolage favorisent aussi le développement d'habiletés de motricité fine : dextérité, coordination œil-main, précision du geste. L'enfant d'âge scolaire aura plaisir à fabriquer une cabane d'oiseaux simple (peut-être avec l'aide de papa), à concevoir des cartes de vœux personnalisées, des objets décoratifs et des bijoux.

Cuisine, photo et compagnie

Quand l'enfant participe à la préparation d'un plat, plusieurs nouveaux gestes de motricité fine sont sollicités : mesurer un liquide ou un ingrédient à l'aide d'une tasse à mesurer, verser le liquide, casser un œuf, brasser le mélange. Et que dire de sa fierté à présenter sa réussite à la famille !

L'utilisation et la manipulation d'un appareil photo, d'un appareil vidéo, d'une chaîne stéréo et de l'ordinateur stimulent également la motricité fine. L'enfant doit toutefois en comprendre d'abord le maniement avant de les utiliser avec succès.

Des jeux moteurs presque disparus

Dans votre jeunesse, avez-vous joué :

› aux élastiques ?
› au bolo ?
› aux billes ?
› à Jean dit ?
› à Kick la canne ?
› à colin-maillard ?

Oui ? Peut-être vos enfants seraient-ils intéressés à connaître ces jeux venus du passé ?

Non ? Demandez à vos parents en quoi consistaient ces jeux.

Notes

1. MINISTÈRE DE L'ÉDUCATION DE LA SASKATCHEWAN. *Perspectives sur le développement humain aux différentes étapes de la vie.*
   www.edonline.sk.ca/bbcswebdav/library/curricula/Francais/Ressources%20additionelles/psychologie_30_journal_no_5.pdf [consulté le 12 mars 2014].

2. CAZORLA, G. *Dossier : l'activité physique et le développement de l'enfant.* Institut Danone
   www.institutdanone.org/objectif-nutrition/lactivite-physique-et-le-developpement-de-lenfant/dossier-lactivite-physique-et-le-developpement-de-lenfant/, consulté le 15 mars 2014.

3. *Ibid.*

4. www.e-s-c.fr/coordination.htm [Consulté le 12 mars 2014].

5. CAZORLA, G. *Op. cit.*

6. EUREKA SANTÉ. *Choisir un sport pour son enfant.*
   www.eurekasante.fr/sport/enfants-sport/choix-sport-enfants.html, mise à jour le 6 septembre 2010, consulté le 15 mars 2014.

7. MINISTÈRE DE L'ÉDUCATION DE LA SASKATCHEWAN. *Op cit.*

8. CEMEA. *Psychologie et développement de l'enfant. Les dossiers de l'infop.* Pays de la Loire.
   http://ressources-cemea-pdll.org/IMG/pdf/developpement_enfant_dossier.pdf [consulté le 4 mai 2014].

9. PARACHUTE. *Patinage en roues alignées en sécurité.*
   www.parachutecanada.org/home/print/228/, consulté le 10 mai 2014.

10. PARACHUTE. *Op cit.*

11. PARACHUTE. Planche à roulettes en sécurité.
    www.parachutecanada.org/sujets-blessures/theme/C178 [consulté le 12 mai 2014].

12. CARON SANTHA, J. (2013). *Le voyage en vélofusée vers la planète bicyclette.* Les Mille-Pattes Clinique d'ergothérapie pour bébés, enfants, adolescents, adultes.
    www.educatout.com/pdfs/Programme-velo-fusee.pdf [consulté le 16 mai 2014].

13. Vélo Québec. *Ajuster et entretenir son vélo.*
    www.velo.qc.ca/transport-actif/ABC-du-transport-actif/Ajustement-et-entretien
    [consulté le 20 mai 2014].

14. Bee, H. D. Boyd, *Les âges de la vie — Psychologie du développement humain.*
    Montréal : Éditions du renouveau pédagogique, 2008.

15. *Ibid.*

16. Eureka Santé. *Choisir un sport pour son enfant.*
    www.eurekasante.fr/sport/enfants-sport/choix-sport-enfants.html, mise à jour le 6 septembre 2010
    [consulté le 15 mars 2014].

17. Geoffroy, V. *Quels sports pour les juniors (7-12 ans) ?* Doctissimo.
    www.doctissimo.fr/html/forme/sports/a_tout_age/fo_2518_sport7_12_gen.htm, mise à
    jour le 30 mars 2011 [consulté le 20 mai 2014].

18. Carzola, G. *Op cit.*

19. Institut national de santé publique du Québec. *Le transport actif et le
    système scolaire à Montréal et à Trois-Rivières.* 2010.
    www.inspq.qc.ca/pdf/publications/1073_TransportActifMtlTRivAbrege.pdf
    [consulté le 15 mai 2014].

20. Kino-Québec. *Transport actif, capsule vidéo.*
    www.kino-quebec.qc.ca/capsules.asp#transport, consulté le 28 mai 2014

21. Sauvé, M.-R. (2006). *Les écoliers devraient bouger deux fois plus,* Forum. 41, 3.
    www.iForum.umontreal.ca/Forum/2006-2007/20060911/Une.html, consulté le 12 mai 2014.

22. Agence de la santé publique du Canada. *Activité physique.*
    www.phac-aspc.gc.ca/pau-uap/guideap/enfants_jeunes/ressource.html#1, mise à jour 23
    mars 2011 [consulté le 8 mai 2014].

23. Frisk, V. (2009). *Développement des habiletés visuo-motrices.*
    About Kid's Health
    www.aboutkidshealth.ca/FR/RESOURCECENTRES/PREMATUREBABIES/LOOKINGAHEAD/
    PHYSICALANDSENSORYEFFECTS/Pages/Development-of-Visuomotor-Skills.aspx, consulté
    le 22 mai 2014.

24. Pagani, L. C. Fitzpatrick, L. Belleau, M. Janosz. *Prédire la réussite scolaire
    des enfants en quatrième année à partir de leurs habiletés cognitives, com-
    portementales et motrices à la maternelle, Institut national de la statistique.*
    www.jesuisjeserai.stat.gouv.qc.ca/pdf/publications/feuillet/fascicule_reussite_scol_fr.pdf
    [consulté le 27 mai 2014].

25. Caron Santha, J. *La prise du crayon en images.*
    www.educatout.com/edu-conseils/ergotherapie/la-prise-du-crayon-en-images.htm
    [consulté le 10 avril 2014].

26. L'origami est le nom japonais de l'art du pliage du papier.

27. Groupe Synergo. *L'écriture.*
    www.groupesynergo.com/site/capsulesinfo.html, consulté le 22 mai 2014.

28. Pour d'autres suggestions, voir le site *L'ergothérapie de la maison à l'école*
    http://edme.org/blogue/category/jeuxjouetsapps/jeux/motricitefine/, consulté le 10 juin 2014.

29. Mondou, N. *Commencer l'apprentissage d'un instrument de musique,*
    Educatout.com
    www.educatout.com/activites/musique/commencer-l-apprentissage-d-un-instrument-de-
    musique.htm, consulté le 10 avril 2014

CHAPITRE 3

Le développement du langage

*Le langage est aux postes de commande
de l'imagination.*

Gaston Bachelard

*Vos enfants : vous pouvez vous efforcer d'être comme
eux, mais ne tentez pas de les faire comme vous.*

Khalil Gibran

*L'objectif de toute éducation devrait être
de projeter chacun dans l'aventure d'une vie à découvrir,
à orienter, à construire.*

Albert Jacquard

Le langage est la capacité d'exprimer sa pensée et de communiquer au moyen de mots et, éventuellement, de l'écriture. La lecture et l'écriture constituent une représentation visuelle de la langue parlée. « Lire c'est comprendre, et écrire s'exprimer, sauf qu'au lieu de le faire au moyen de sons, on utilise des symboles graphiques, soit les 26 lettres de notre alphabet[1]. »

Dans ce chapitre, il sera question des habiletés de l'enfant d'âge scolaire à s'exprimer verbalement et par écrit, de même que de ses habiletés et intérêts de lecture.

Évolution des habiletés langagières

Entre 6 et 12 ans, les habiletés de conversation et de narration de l'enfant évoluent de façon importante.

Les habiletés verbales

À 6 ans, l'enfant utilise en moyenne 2500 mots[2]. Progressivement, il emploie des termes plus précis et formule des phrases plus longues (6 à 8 mots) et plus complexes. Des difficultés dans l'articulation des sons « ch », « j », « x », « z » peuvent toutefois subsister.

À cet âge, il comprend et utilise les comparaisons qui impliquent des termes courants et qui reposent sur les propriétés des objets faciles à observer comme les formes, les tailles ou les couleurs[3]. Il dira, par exemple, « Les cheveux de Maude sont noirs comme un corbeau, le nez de Nathan est rond comme une patate. » Mais il est encore loin de saisir les subtilités des règles qui lui permettent de structurer des phrases. De fait, jusqu'à l'âge de 9 ans et même au-delà, l'enfant approfondit sa compréhension de la syntaxe, soit l'organisation des mots dans la phrase.

Les habiletés narratives
(se raconter et raconter des histoires)

L'enfant emploie ses habiletés à s'exprimer pour raconter ses expériences personnelles. Plusieurs études ont démontré que les habiletés narratives orales ont un impact considérable sur les performances scolaires[4].

Il peut aussi raconter des histoires. À 7 ou 8 ans, ses histoires sont plus longues et plus complexes, et son vocabulaire s'enrichit. Plus tard, l'enfant ajoute des éléments comme un changement de temps ou de lieu et des détails plus pertinents. Il ne s'attarde pas qu'aux faits, mais se concentre aussi sur les pensées des personnages et sur la résolution de problèmes. Ce n'est toutefois que vers 11 ou 12 ans que son récit jouira d'une bonne structure et intégrera plusieurs épisodes.

Évolution des habiletés de lecture

À son entrée à l'école primaire, l'enfant apprend à lire. Avant d'être en mesure de lire, il doit toutefois maîtriser certaines habiletés de prélecture. Il doit comprendre que les mots sont composés de sons distincts et être capable d'associer les sons aux lettres ou aux combinaisons de lettres. Pour lire, l'enfant doit donc reconnaître les lettres, la signification du mot qu'elles forment et en tirer une compréhension du texte. L'apprentissage de la lecture demande de l'effort et de la pratique.

Selon un rapport du ministère de l'Éducation, du Loisir et du Sport du Québec[5], la connaissance des lettres est considérée comme l'un des meilleurs indices de prédiction de la réussite en lecture à la fin de la première année et comme un facteur de protection contre l'échec en lecture ; toutefois, tous les enfants qui ne connaissent pas les lettres à leur entrée à l'école ne subiront pas nécessairement un échec.

Le vocabulaire de l'enfant joue également un rôle dans ses habiletés de lecture puisqu'il ne comprendra le code écrit d'un mot que s'il connaît ce mot[6]. À 6 ans, l'enfant apprend à lire des textes courts. À compter de 7 ans, il a moins besoin du soutien des objets pour comprendre : il saisit sans mal un texte non illustré et comprend la logique d'un récit. Après avoir appris à lire, l'enfant lit désormais pour apprendre. Il est curieux de tout et s'intéresse à des sujets variés. Avec la pratique, il développe une fluidité de lecture.

Savoir lire lui permet de trouver de l'information sur ses sujets préférés : quand les dinosaures ont-ils disparu ? Qui est l'homme le plus grand du monde ? Comment les nuages se forment-ils ? De plus, la lecture d'histoires lui apporte du plaisir et de l'amusement tout en stimulant son imaginaire.

Évolution des habiletés à s'exprimer par écrit

L'écriture n'est pas qu'un geste moteur : c'est aussi un mode de communication. Bien sûr, l'enfant doit être en mesure de bien percevoir les lettres, de savoir faire les gestes pour les reproduire et d'organiser sa production sur la feuille, mais il doit aussi comprendre le code utilisé pour écrire, soit reconnaître les lettres et les agencer correctement pour former des mots. C'est là un apprentissage qu'il sera appelé à parfaire tout au long de l'école primaire.

Pour accompagner votre enfant dans ce processus et l'aider à prendre conscience qu'il existe des relations entre l'oral et l'écrit et que tous les mots entendus sont ou peuvent être écrits, vous pouvez lui lire un message en pointant tous les mots, écrire un message devant lui en répétant chacun des mots ou lui lire une lettre que vous avez reçue.

À la période préscolaire, son intérêt pour l'écrit l'a peut-être déjà incité à faire un gribouillis qu'il a « lu » à sa façon ou qu'il vous a demandé de déchiffrer. À 5 ans, il copie les lettres de son nom, un exercice à ses yeux très semblable à celui de copier un triangle ou un rectangle. Mais il comprend vite que ce « dessin » a une signification particulière puisque les autres peuvent le déchiffrer. À 6 ans, il peut écrire son nom sans modèle.

L'écriture est d'abord *dessin* (phase précalligraphique, de 5 à 7 ans), ensuite *copie presque conforme* des lettres types (phase calligraphique, 8 à 9 ans), puis elle *se personnalise* (phase postcalligraphique, vers 10 ans). Au début de l'ado-lescence, l'écriture est personnelle et ne se modifiera que très peu par la suite chez la majorité des sujets[7].

En bref ··

Grâce à l'écrit, l'enfant peut s'exprimer en composant un texte ou en tenant un journal de voyage, par exemple, ou entrer en relation avec les autres en envoyant une carte de fête ou un courriel.

··

Les garçons et les filles ont-ils des résultats différents en lecture et en écriture?

Une étude menée par le ministère de l'Éducation, du Loisir et du Sport du Québec indique qu'il existe une différence entre les garçons et les filles en ce qui concerne la lecture et l'écriture.

« Quand on compare les garçons et les filles dès le début de l'apprentissage de la lecture et de l'écriture, il n'y a pas de différence entre eux au début ni au milieu de la première année de scolarisation. On note une différence seulement à la fin de la première année en faveur des filles, uniquement en ce qui concerne l'écriture. À la fin de la deuxième année, les garçons et les filles se distinguent en lecture et en écriture. L'écart entre les garçons et les filles s'installe et s'agran-dit de la première à la deuxième année[8]. »

Il faut donc accorder aux garçons une attention parti-culière afin qu'ils développent le goût de la lecture et de l'écriture. Une recherche-action a été menée pendant 5 ans auprès de garçons de 9 à 13 ans à risque de décrochage afin de stimuler cet intérêt[9]. S'inspirant de l'univers des garçons, les chercheurs leur ont proposé des livres proches de leur vécu, mettant de l'avant des modèles masculins. Ils ont aménagé des coins lecture dans la classe, organisé des clubs de lecture, suscité des discussions autour de textes écrits ou lus, invité des personnalités locales à lire des textes en classe et ont également organisé des activités à la maison. Cette démarche s'est avérée très positive et a contribué à augmenter la participation des garçons aux activités de même que leur sentiment de compétence.

Au moment de choisir un livre pour vos enfants (et particulièrement pour vos fils), ciblez des ouvrages susceptibles de rejoindre leurs centres d'intérêt et n'hésitez pas à discuter avec eux de leurs lectures.

Activités stimulant le langage

La communication verbale

Converser avec l'enfant stimule ses habiletés à s'exprimer verbalement. Chaque fois qu'on lui pose une question, on ouvre la porte à l'expression verbale. Il serait toutefois souhaitable que ce ne soit pas toujours pour vérifier qu'il a bien accompli ses tâches : « As-tu fait tes devoirs, as-tu lavé tes mains ? » De telles questions ne favorisent pas vraiment l'échange avec l'enfant, d'autant plus qu'elles ne requièrent qu'un « oui » ou un « non » comme réponse. Par contre, lui demander son avis sur une musique, une émission de télévision, ses préférences alimentaires ou scolaires l'incite à exprimer son point de vue.

L'utilisation du téléphone stimule l'expression verbale de l'enfant, que ce soit pour prendre ou donner des nouvelles à ses grands-parents ou à tout autre adulte : au téléphone, l'enfant ne peut compter que sur les mots pour se faire comprendre.

Les livres d'histoires peuvent aussi favoriser l'expression de l'enfant si à la vue de la page couverture, à la lecture du titre ou à certains moments de l'histoire, on lui demande ses prédictions sur la suite du récit. Dès 5 ou 6 ans, l'enfant est capable de telles inférences, faisant des liens de cause à effet : « L'enfant pleure parce qu'il a perdu son chat ». Puis il pourra faire des liens d'anticipation, avançant des hypothèses sur ce qui peut arriver : « Je pense que le petit garçon va trouver un trésor dans la grosse malle ».

Quand on demande à un enfant de raconter ce qu'il a fait à l'école pendant la journée, il arrive qu'il réponde : « Rien » ou cela se limite à « J'ai travaillé ». Plutôt que de répéter la même formule tous les soirs, pourquoi ne pas l'aborder avec des questions plus élaborées comme, par exemple, « Raconte-moi quelque chose qui t'a fait rire aujourd'hui » ; « Si tu pouvais choisir, qu'est-ce que tu ferais davantage à l'école ? » ; « Si tu pouvais être à la place de l'enseignante, tu ferais quoi ? ». Ce genre de questions requiert plus que des monosyllabes comme réponse et peut susciter des conversations intéressantes et parfois drôles.

Les repas en famille offrent aussi une occasion de choix pour aider l'enfant à développer ses habiletés narratives. On peut, par exemple, instaurer *le temps des bons et des mauvais moments*. Chacun, y compris papa et maman, raconte le meilleur moment et le pire moment de sa journée. Tous se réjouissent avec les autres pour les bons moments et sympathisent pour les moins bons. C'est là une habitude qu'adoptent rapidement les enfants à condition qu'on n'utilise pas ce qu'ils racontent pour leur faire la morale.

On peut aussi s'amuser à lui faire trouver des causes, des conséquences et des solutions à des problèmes hypothétiques. Par exemple, « Tu es dans la maison et ça sent la fumée. Qu'est-ce qui a pu se passer ? Qu'est-ce qui va arriver ? Qu'est-ce qu'on pourrait faire pour résoudre le problème ? » ou « Le plancher est collant. Qu'est-ce qui a pu arriver ?[10] ».

Avez-vous déjà joué à l'histoire farfelue ? C'est un jeu idéal pour égayer de longs déplacements en auto. Il sera encore plus amusant si vous y participez aussi. Une personne commence une histoire par une phrase que les autres passagers complètent à tour de rôle. « Il était une fois un corbeau qui ne savait pas voler ». La personne suivante continue : « Ses ailes étaient collées sur son dos » ; « Un jour, il marcha longtemps, longtemps... » ; « En entrant dans la forêt, il rencontra un dinosaure ». Interdiction de censurer l'histoire : tout est accepté. L'histoire risque d'aller dans tous les sens et d'être drôle. Voilà une excellente façon de stimuler l'imagination et les habiletés narratives de l'enfant et de passer un bon moment en famille.

La lecture

La lecture, c'est un plaisir qui durera toute la vie : voilà ce qu'il faut tenter de faire découvrir à l'enfant. Ce n'est ni une corvée ni une activité uniquement scolaire.

Nous l'avons dit au début de ce livre, les modèles les plus importants pour l'enfant sont ses parents. Vous voir lire des livres, des journaux, des magazines et y prendre plaisir suscitera chez lui le goût de la lecture et lui fera voir le bonheur que cette activité procure ; il en sera de même si l'environnement familial lui donne accès aux livres. Par ailleurs, si votre enfant vous voit chercher un mot dans le dictionnaire pour en connaître le sens ou l'orthographe, il trouvera normal de faire de même puisque vous, qui connaissez plus de mots que lui et qui écrivez facilement, le faites aussi.

Fréquenter la bibliothèque, les bazars de livres usagés, les salons du livre sont d'autres façons de valoriser la lecture et de rendre l'enfant curieux de trouver un livre susceptible de l'intéresser.

Même s'il sait lire, l'enfant d'âge scolaire aime encore se faire raconter des histoires. Si on y ajoute une mise en scène, des accessoires, des effets d'éclairage ou des ombres chinoises sur le mur, c'est le succès assuré.

Graduellement, vous pouvez instaurer la lecture interactive : l'enfant lit quelques mots connus, puis une phrase. Enfin, vous pouvez lire en alternance, ce qui l'aide à maintenir sa motivation ; vous lisez la narration et l'enfant lit les dialogues ou encore chacun lit une page ou un paragraphe[11].

Pourquoi ne pas l'inviter à lire une histoire à un plus petit ? Cette activité peut devenir un beau moment pour renforcer son estime de soi et son sentiment de compétence. Sa lecture en est d'autant facilitée que l'histoire, pour être accessible aux tout-petits, est écrite dans un langage simple.

Pour favoriser la lecture, le livre n'est pas le seul véhicule. Un petit mot doux dans sa boîte à lunch ou un message affiché sur le frigo l'incite à lire. Lire les instructions d'un jeu de société, d'un modèle à coller ou d'une maquette à monter, suivre une recette de cuisine lui démontre également l'importance de la lecture.

La règle des 5 doigts[12] ou comment choisir un livre adapté au niveau de lecture de l'enfant

Cette méthode simple permet d'offrir à l'enfant un exercice de lecture qui convient à ses capacités. Elle consiste à demander à l'enfant d'ouvrir le livre à n'importe quelle page et de la lire à haute voix. Quand l'enfant ne connaît pas ou ne peut pas prononcer un mot, il lève un doigt. Si, à la fin de la page, l'enfant a levé 5 doigts, le livre est probablement trop difficile pour son niveau de compréhension, du moins pour l'instant. Si, par ailleurs, l'enfant est capable de lire chaque mot avec peu d'effort, le livre est probablement trop facile pour lui. Le livre qui lui convient se situe entre les deux. Il faut éviter d'offrir des livres trop difficiles, car la frustration risque de s'installer rapidement, entraînant un désintérêt pour la lecture.

Choisir un livre approprié

Afin de maintenir l'intérêt de l'enfant pour les livres, on lui offre une diversité de lectures, en s'appuyant sur ses goûts. De 5 à 8 ans, on peut opter pour des livres d'histoires, de jeux (qui incluent des directives à lire : erreurs à trouver, traversée d'un labyrinthe, identification de l'objet différent des autres…), de documentation sur les sports, les animaux, les voitures, les métiers ou tout autre sujet d'intérêt pour l'enfant.

De 8 à 12 ans, il commence à lire des romans jeunesse et s'intéresse encore aux livres de documentation. À cet âge, les enfants découvrent également avec plaisir les histoires fantastiques et magiques : ils aiment le monde étrange et le climat de peur qui s'en dégagent. Les aventures nocturnes mettant en scène des sorciers et les récits de magie noire ont la cote.

Les bandes dessinées ne sont pas à négliger, car elles offrent à l'enfant une forme de lecture différente, complexe et attirante avec ses bulles, et elles peuvent mener à d'autres types de récits. Comme le dit Daniel Pennac[13], écrivain et ancien professeur de français, cette forme de littérature apporte beaucoup à l'enfant, tant pour développer son sens artistique que pour stimuler son imagination grâce à l'intrigue.

À l'enfant curieux de connaître la fin de l'histoire dès les premières pages, on offre des livres remplis d'action et des récits à suspense qui sauront maintenir son intérêt tout au long de la lecture.

Il existe aussi des contes pour se connaître et évoluer. Ces contes, que l'enfant peut lire seul, l'entraînent dans un monde imaginaire et l'invitent à se comprendre, à évoluer et à apprivoiser divers aspects de sa vie. Ils utilisent l'allégorie ou la métaphore pour aborder des problèmes de l'enfant et lui proposer des solutions.

Allégo rit avec les jeunes[14] en est un bel exemple. Ce recueil de contes allégoriques s'adresse aux enfants de 6 ans et plus, et suggère des façons de surmonter des difficultés de motivation, de confiance en soi, de décrochage scolaire et de respect des autres. Dans le même genre, une place toute particulière revient aux *Contes de la planète Espoir*[15], merveilleusement écrits par Danielle Laporte, qui abordent des problèmes vécus par de nombreux enfants, comme l'hyperactivité, la colère, la peur, l'anxiété. Par le langage de l'imaginaire, l'auteure amène l'enfant à comprendre ses émotions et ses désirs et à trouver des ressources pour affronter ses difficultés.

Et pourquoi ne pas abonner l'enfant à un magazine[16]? *Les explorateurs* sont tout à fait indiqués pour les enfants de 6 à 10 ans. *J'aime lire* saura ravir les 7 à 10 ans avec son court roman et ses devinettes dans chaque numéro. *Les débrouillards* plairont particulièrement à ceux de plus de 9 ans qui ont un intérêt scientifique.

Vous cherchez un livre à offrir à votre enfant? Le site Internet de Communication-Jeunesse[17] propose une sélection d'ouvrages de différents genres, pour tous les groupes d'âge.

L'écrit

De nombreuses activités peuvent stimuler l'enfant à écrire: participer à la liste d'épicerie, notant ce qui manque au fur et à mesure, envoyer une carte d'anniversaire faite de ses propres mains ou une carte postale à une personne chère alors qu'il voyage avec sa famille, tenir un journal de voyage ou un journal intime.

Savez-vous jouer au *bonhomme pendu*? Vous choisissez un mot (par exemple: M A I S O N). Vous tracez alors six traits sur une feuille, soit le nombre de lettres correspondant au mot choisi. L'enfant mentionne une lettre; si celle-ci se trouve dans le mot, vous l'indiquez sur le trait approprié. Sinon, vous commencez à dessiner la tête du bonhomme. Le jeu se poursuit jusqu'à ce que le mot soit trouvé ou que le bonhomme soit complété, soit un cercle pour la tête, un autre pour le tronc, deux traits pour les bras et deux autres pour les jambes. À la fin, si le mot n'est pas trouvé, on dessine une corde à son cou. À votre tour ensuite de deviner le mot choisi par votre enfant. Ce jeu stimule tant le vocabulaire que l'orthographe, tout comme certains jeux de société dont Scrabble junior® et Boogle®.

Et pourquoi ne pas suggérer à votre enfant de tenir un journal de lecture? Il peut indiquer les titres des livres qu'il a lus et y inscrire son appréciation de chacun. Ce journal, qui peut n'être qu'une simple liste, incitera peut-être votre enfant à lire davantage et sera un souvenir agréable à conserver.

Faire un livre

Vers 6 ans, l'enfant peut faire son premier livre. Il dépose quelques feuilles de papier sur un carton de couleur, puis il plie le tout en deux. Une fois broché en son centre, ce petit livre n'attend plus que l'imagination de l'enfant. Après avoir écrit son titre sur la page couverture, l'enfant écrit une phrase par page et fait un dessin s'y rapportant. À la fin, l'enfant tient fièrement en main un livre qu'il a fait lui-même, qui a stimulé sa compréhension, son imagination et qui lui a certainement procuré du plaisir. Un souvenir précieux à conserver. Un tel livre peut aussi être un cadeau de grande valeur à offrir à grand-papa et à grand-maman, à plus forte raison si le thème de l'histoire les concerne.

Inventer et illustrer une histoire

À compter de 9 ans, l'enfant peut avoir envie d'écrire une véritable histoire. Pour l'aider, vous pouvez lui proposer la méthode suivante, en quatre points, dont les trois premiers forment en quelque sorte le squelette de l'histoire[18].

1. *Point de départ*

Comment débute l'histoire ? Quels en sont les personnages ? Où et quand se déroule l'action ?

2. *Le ou les chapitres*

Que se passe-t-il d'important dans ce chapitre ? Qui y retrouve-t-on ? Pourquoi ? Où ? Quand ? Comment se termine ce chapitre ? Si le livre a plus d'un chapitre, l'enfant doit décider de l'issue du premier pour faire le lien avec suivant.

3. *Fin de l'histoire*

Où et quand se termine l'histoire ? Comment se termine-t-elle ? Quelle en est la conclusion ?

4. *Les personnages*

En bref

Susciter le goût de la lecture et de l'écriture chez l'enfant contribue à développer chez lui une attitude positive envers l'école. Lui accorder un espace pour s'exprimer, pour communiquer son avis et en discuter, c'est lui faire un cadeau qui facilitera ses contacts avec les autres tout en lui apportant un sentiment de compétence et de bien-être, puisque son point de vue est recherché et écouté.

Une attention particulière doit être accordée aux personnages. S'agit-il d'un enfant, d'un animal, d'un être fantastique ou de tout autre chose? Sur une fiche, l'enfant peut noter, pour chacun des personnages, son nom, ses caractéristiques physiques, sa personnalité, ses vêtements, son lieu de vie, ses habitudes. En se référant à ces fiches, il lui sera plus facile de décrire les personnages et d'en suivre l'évolution. Pour compléter le tout, il peut illustrer son histoire en faisant des dessins.

Notes

1. *Développement du langage*
   www.afeseo.ca/html/ParentEntraineur/Langage/DeveloppementLangage.htm
   [consulté le 10 juin 2014].

2. *Le développement de l'enfant.* Éducsol.
   http://eduscol.education.fr/cid48426/le-developpement-de-l-enfant.html#lien1, mise à jour 19 mars 2012, [Consulté le 2 juin 2014].

3. Conseil des ministres de l'Éducation. *Éléments d'un continuum langagier,* 2008, Canada.
   www.cmec.ca/docs/phaseII/elem-contin-langagier.pdf, consulté le 7 juin 2014.

4. Bélanger, M. (2001). *Le discours,* Bulletin d'orthophonie, 3,3.
   www.csbe.qc.ca/csbe/services_eleves/orthophonie/Bulletin_orthophonie_septembre_2001.PDF [Consulté le 4 juin 2014].

5. Ministère de l'Éducation, du Loisir et du Sport. *Apprendre à lire.* (2005). Gouvernement du Québec.
   www.mels.gouv.qc.ca/fileadmin/site_web/documents/PSG/recherche_evaluation/ApprendreALire_f.pdf [Consulté le 24 mai 2014].

6. www.apprendre-a-lire.com/apprentissage-lecture.html [Consulté le 5 juin 2014].

7. Gauvrit, N. (2011). *L'écriture et l'enfant, ou comment l'écriture prend forme.* Science et pseudo sciences.
   www.pseudo-sciences.org/spip.php?article1643 [Consulté le 3 juin 2014].

8. Apprendre à lire. (2005). *Op cit.*

9. Lévesque, J.-Y., N. Lavoie, M. Chénard en collaboration avec la Commission scolaire des Phares. (2007). *Recherche-action collaborative sur la réussite scolaire des garçons en lecture et écriture.*
   www.uqar.ca/files/education/rapport_recherche.doc [Consulté le 17 juin 2014].

10. Bélanger, M. (2001). *Op cit.*

11. Lemieux, G. *Lecture et langage vont de pair.*
    www.aepq.ca/wp-content/uploads/2011/04/lecture_et_langage_vont_de_pair.pdf [Consulté le 30 mai 2014].

12. *Five Finger test.*
www.bookadventure.com/book_finder/5_finger_test.aspx [Consulté le 12 juin 2014].

13. *Il ne lit que des bandes dessinées. Le point de vue de Daniel Pennac*
www.magicmaman.com/,il-ne-lit-que-des-bd-c-est-grave-docteur,241,1240.asp
[Consulté le 27 mai 2014].

14. Dufour, M. (2000). *Allégro rit avec les jeunes.* Chicoutimi : Éditions JCL.

15. Laporte, D. (2002). *Contes de la planète Espoir - À l'intention des enfants et des parents inquiets.* Montréal : Éditions CHU Sainte-Justine.

16. Tous les magazines mentionnés dans cette section sont publiés chez Bayard.

17. www.communication-jeunesse.qc.ca/selection/courante/index.php [Consulté le 13 août 2014].

18. Pour plus de détails, consulter le site suivant. Vous y trouverez également un guide pratique qui explique à l'enfant la façon de procéder.
www.teteamodeler.com/boiteaoutils/expression/telechargement/storyboard1.pdf

CHAPITRE 4

Le développement cognitif

La créativité est, dans les sciences, l'art d'additionner deux et deux pour faire cinq.

Arthur Koestler

Tout le monde est un génie. Mais si on juge un poisson sur sa capacité à grimper à un arbre, il passera sa vie à croire qu'il est stupide.

Albert Einstein

La seule arme des enfants contre le monde, c'est l'imaginaire.

Claude Miller

Si vous ne pouvez expliquer un concept à un enfant de six ans, c'est que vous ne le comprenez pas complètement.

Albert Einstein

La cognition concerne, entre autres, le développement de la pensée de l'enfant, sa compréhension du monde environnant et le développement de stratégies et de solutions de problèmes, autant d'instruments indispensables à l'apprentissage scolaire.

De 6 à 12 ans, l'enfant fait des pas de géant dans ce domaine et grâce à ses habiletés cognitives, il en arrive à comprendre divers phénomènes comme l'humour, la maladie et la mort.

Caractéristiques de sa pensée

Jusqu'à 6 ou 7 ans, l'enfant est centré sur un aspect du problème et il est dépendant de sa perception : il comprend ce qu'il voit. De plus, il base sa pensée sur sa propre expérience pour comprendre ce qu'on lui explique, particulièrement quand c'est nouveau. En voici un exemple : lors d'un programme de sensibilisation à la personne handicapée[1], pour comprendre ce qu'était la surdité, des élèves de première année faisaient référence à leurs expériences de la maladie s'y rapprochant le plus, soit les otites. Comme la douleur est souvent associée à ce mal, les élèves croyaient que la personne sourde avait constamment mal aux oreilles.

À compter de 7 ans, la pensée de l'enfant devient plus souple, moins égocentrique, de plus en plus logique et efficace. L'enfant n'envisage plus la réalité à partir de ce qu'il éprouve et est en mesure de considérer les choses comme étant de plus en plus extérieures à lui-même. Il devient donc moins centré sur lui-même.

« Comment a été ta journée ? »

Un jour, vous aurez la surprise d'entendre votre enfant vous demander : « Comment ça va ? Comment a été ta journée ? » C'est que, étant moins centré sur lui-même, il peut dorénavant se mettre à la place de l'autre et voir les choses de son point de vue.

Grâce à cette décentration progressive et à la coordination de plus en plus poussée des différents points de vue, il passe vers 7 ou 8 ans à ce que Piaget appelle la **période opératoire concrète** qui se termine vers 12 ans.

Jusqu'à l'âge de 5 à 7 ans, l'enfant s'en remet au hasard et à son intuition pour résoudre des problèmes. Dorénavant, il commence à conceptualiser et à créer des raisonnements logiques. Le raisonnement ne porte toutefois que sur des problèmes réels et concrets : il s'appuie sur le support physique des objets.

Il peut, entre autres, classer des objets en série (du plus court au plus long, par exemple). Vers 7 ans, il comprend que dans une série d'objets, l'un est plus grand que les précédents et plus petit que les suivants alors que vers 5 ans, il réussissait à produire la série en tâtonnant, en corrigeant ses erreurs après coup. Dorénavant, il comprend les concepts « plus grand que », « plus lourd que ».

Le critère de passage de l'intuition à l'opération est la **réversibilité** : la réversibilité d'une action signifie que cette dernière peut s'accomplir dans un sens, puis dans un autre[2]. Ainsi, vers 7 ou 8 ans, l'enfant reconnaît que deux boules de pâte à modeler, identiques au point de départ, conservent la même quantité même si l'une d'elles est écrasée : il comprend que si on reformait une boule avec la galette, les deux boules seraient de la même grosseur. Il est donc capable de partir du point A (deux boules identiques), d'aller au point B (l'une demeure une boule, l'autre est écrasée) et de revenir au point A. Grâce à la réversibilité, l'enfant est progressivement capable de comprendre le principe de conservation de la matière. Il reconnaît qu'une quantité, un poids ou un volume donné demeure identique malgré la transformation de son apparence, dans la mesure où rien n'est ajouté ni enlevé. Vers 9 ou 10 ans, il saisit que le poids demeure le même, par exemple un kilogramme de plume est aussi lourd qu'il soit présenté dans un sac ou réparti dans plusieurs. Puis vers 11 ou 12 ans, il comprend que le volume d'un liquide reste inchangé, qu'on le présente dans une bouteille, ou dans un récipient plus évasé.

Vers 8 ans, l'enfant peut envisager d'autres points de vue que les siens et situer les objets non seulement par rapport à lui, mais aussi par rapport aux autres. Il commence à comprendre la notion de perspective, ce qui sera observable dans ses dessins. Nous en reparlerons plus loin.

De 9 à 11 ans, grâce à sa pensée logique, l'enfant peut faire des liens entre divers aspects. À titre d'exemple, voici quelques questions qu'adressaient des élèves de cet âge lors d'un deuxième programme de sensibilisation à la personne handicapée[3] : « Comment fais-tu pour danser si tu n'entends pas la musique ? » ; « Comment fais-tu pour trouver ta nourriture dans ton assiette alors que tu ne vois pas ? » ; « Tu dois te salir les mains quand tu roules ton fauteuil roulant et qu'il pleut ? ».

Habiletés cognitives

La mémoire et le temps de réaction

Au cours de la période scolaire, la mémoire de l'enfant se développe considérablement, de même que son attention et sa concentration, ce qu'on remarque surtout vers l'âge de 9 ans. Le temps de réaction s'améliore et la vitesse de traitement de tâches mentales, telles que faire correspondre des images, additionner des nombres mentalement et se souvenir d'informations spéciales, augmente rapidement.

Les stratégies

Dorénavant, l'enfant commence à développer des stratégies, c'est-à-dire qu'il est en mesure d'anticiper ce que son action peut entraîner comme réaction et de réagir en conséquence pour atteindre le but recherché. Cette capacité s'observe notamment dans le jeu de la cachette (« Si je me cache ici, le meneur ne pourra pas me voir » ; « Pour me délivrer, le meilleur chemin est celui-ci... ») dans des jeux de société comme le jeu d'échecs ou de dames (« Si j'avance tel pion, il ne pourra pas manger ma reine... ») ou dans les sports (« En passant à gauche, je pourrai éviter le joueur adverse... »). Auparavant, il prenait part à certains de ces jeux, mais son action était basée sur le hasard.

Un autre exemple : l'enfant d'âge scolaire qui cherche un objet et ne le trouve pas à l'endroit attendu imaginera d'autres façons de chercher ou d'autres endroits où chercher, plutôt que de simplement cesser sa quête, comme un enfant plus jeune. Il dispose d'un plus grand nombre de stratégies et les utilise avec plus de souplesse.

Vous êtes-vous déjà amusé à faire réfléchir le soleil sur un mur à l'aide d'un miroir ? C'est là un autre exemple qui requiert de la stratégie ; il faut coordonner ses gestes de façon à ce que le reflet du soleil se retrouve à l'endroit désiré et tenir le miroir dans l'angle adéquat. L'expérience n'est pas aussi simple qu'il y paraît : pas étonnant que ce ne soit qu'à l'âge scolaire que l'enfant y parvienne.

Concept de soi

À l'âge scolaire, l'enfant commence à se définir de façon plus abstraite et en se comparant aux autres. Pour se décrire, il souligne donc ses qualités plutôt que ses caractéristiques externes. Au lieu de dire : « Je suis grande, j'ai les cheveux blonds et les yeux bleus », l'enfant se définira plutôt ainsi : « Je suis une fille moins bonne que d'autres en sport, mais je suis gentille et je comprends vite ».

Compréhension de différents concepts

Le sens de l'humour

L'enfant est capable de considérer plusieurs facettes d'une situation à partir de l'âge de 8 ans. Il comprend ainsi qu'un mot peut avoir plus d'une signification. Voilà pourquoi il apprécie les jeux de mots reposant sur ce principe. Par exemple, il aura plaisir à demander : « Que se racontent deux dindes à Noël ? Une farce. » L'enfant de 7 à 8 ans raffole de ce type d'humour, trop heureux d'enfin le comprendre, alors qu'un enfant plus jeune tentera de répéter cette blague sans l'avoir comprise, en demandant : « Que se disent deux poules à Noël ? » ; il sera sans doute surpris et déçu que sa blague n'ait pas le même effet...

Vers 8 ans, l'enfant comprend également l'ironie qui consiste à exprimer le contraire de ce que l'on pense pour mieux faire comprendre qu'en réalité, on pense le contraire de ce que l'on dit. On peut, par exemple, faire l'énoncé suivant : « Entrer dans la cage d'un lion, quelle bonne idée ! » ou dire à un enfant turbulent : « Que tu es calme ! ». Toutefois, très peu d'enfants trouvent cette forme d'humour amusante[4]. Ils préfèrent nettement le comique de situation (les gags du style *Mr Bean*). Ce n'est que vers l'âge de 10 ou 11 ans que les jeunes commencent à percevoir le sarcasme et l'ironie comme étant drôles.

La mort

La mort est un concept abstrait dont l'enfant ne peut saisir la réalité dans toute sa complexité avant d'avoir atteint un certain âge.

À l'âge préscolaire, elle lui apparaît comme l'équivalent du sommeil. À compter de 6 ans, il distingue aisément la mort du sommeil sans toutefois en comprendre le caractère irréversible. C'est pourquoi il vaut mieux éviter de l'expliquer à l'enfant en affirmant que la personne décédée est partie en voyage. L'enfant pourrait attendre un téléphone de cette personne ou encore son retour. Il est préférable d'expliquer à l'enfant ce que la mort signifie au plan physique. Par exemple, quand on meurt, le corps cesse de fonctionner : le cœur arrête de battre, on ne respire plus, on ne bouge plus. Il est utile de dire que la personne est décédée parce qu'elle était « très, très malade ou très, très vieille », pour accentuer le fait qu'une personne ne meurt pas nécessairement parce qu'elle est malade ou âgée.

C'est vers 8 ans que l'enfant comprend le caractère permanent de la mort : la personne décédée ne reviendra pas[5]. L'enfant conçoit aussi que la mort est normale pour les adultes, surtout pour les personnes âgées, mais pas nécessairement pour l'enfant ou ses proches[6].

À partir de 9 ou 10 ans, sa conception de la mort s'approche de celle des adultes : il en développe une vision plus réaliste. Il comprend que toutes les fonctions s'arrêtent de façon permanente pour toutes les formes de vie. Il prend conscience que la mort est inévitable. Il en comprend l'universalité : même un enfant peut mourir. Son esprit accède à la pensée abstraite : il commence à réfléchir sur le sens de la vie et il se pose des questions sur la mort, celle de ses parents ainsi que la sienne.

La mort des animaux, notamment un animal de compagnie, est souvent un moment de première confrontation avec la mort et une occasion de répondre aux questions de l'enfant. Vous êtes alors ses interlocuteurs privilégiés. L'enfant n'attend pas de vous que vous ayez réponse à tout, mais que vous lui donniez votre point de vue et quelques repères, que vous ne le laissiez pas seul avec ses questionnements.

Face au décès d'une personne aimée, l'enfant a besoin d'être rassuré. Parfois, il peut croire qu'il est la cause de la mort de cette personne parce qu'il n'a pas été gentil avec elle. Il peut aussi craindre de perdre d'autres personnes de son entourage: là encore, il sera rassuré si vous lui dites: «Tu peux compter sur moi»; «Je serai toujours là pour toi».

Doit-on faire participer l'enfant aux rituels funéraires[7]? Au départ, on doit lui expliquer que ces rituels servent à dire au revoir à la personne décédée. Que ce soit pour l'exposition au salon mortuaire ou les funérailles, l'enfant doit savoir à quoi s'attendre avant de décider d'y participer ou non. Il est avisé de l'informer «que des gens pleureront, qu'il y aura beaucoup de fleurs, que la personne décédée sera couchée et que sa peau sera blanche et froide».

Quant à la crémation, l'enfant en accepte l'explication lorsqu'il comprend qu'une personne décédée ne ressent plus rien. On peut alors mentionner que la crémation se fait sous une chaleur intense qui transforme le corps en cendres. Les restes incinérés sont ensuite mis dans un contenant, qu'on appelle une urne, qui peut être enterrée au cimetière ou placée dans un columbarium.

On peut demander à l'enfant s'il désire ou non être présent au salon mortuaire, s'il souhaite assister aux funérailles. Habituellement, par désir d'être avec ses parents ou par curiosité, l'enfant voudra probablement y aller, mais il faut respecter celui qui refuse. Peut-être préférera-t-il faire un dessin pour la personne décédée qui sera déposé dans la tombe ou près de l'urne.

La maladie

Entre 7 et 10 ans, l'enfant comprend la maladie de deux façons différentes: d'abord par la contamination, puis par l'internalisation[8,9].

Il conçoit que la contamination vient d'une personne, d'une action ou d'un objet perçu comme dangereux ou mauvais. Ainsi, si on touche cette personne ou cet objet dangereux ou si on fait cette action, on attrape la maladie. Par exemple, l'enfant pourrait expliquer son rhume par le fait d'avoir touché une personne qui l'avait ou d'être allé dehors l'hiver, sans chapeau.

Plus tard, l'enfant découvre que la maladie est localisée à l'intérieur de son corps, même si la cause est extérieure : c'est l'explication par internalisation. Il pourrait dire qu'on attrape un rhume en avalant ou en respirant : « On avale trop d'air, ça bloque le nez et les poumons deviennent tout mous. » La maladie est décrite en termes vagues, ce qui reflète la confusion évidente de l'enfant sur le fonctionnement des organes internes du corps.

Ce n'est qu'à partir de 11 ans que l'enfant peut donner une explication physiologique de la maladie. Ainsi, il pourrait expliquer le rhume par un virus transmis par d'autres personnes : « Ce virus entre dans notre sang et peut atteindre les poumons ; le nez est congestionné, on tousse, on éternue et on doit se moucher souvent. »

De 6 à 12 ans, un enfant peut vivre difficilement une maladie qui l'immobilise pendant quelque temps : cela lui donne l'impression de perdre le contrôle de son corps. De même, son incapacité à faire certaines activités comme les autres enfants peut avoir un impact sur son estime de soi.

Compréhension de la notion d'argent

L'enfant de 6 ans n'a pas la notion de l'argent ; il n'y a qu'à faire des achats avec lui ou à regarder la liste de cadeaux qu'il souhaite recevoir à Noël pour s'en convaincre. Si on ne l'aide pas à développer cette notion, il pourrait devenir un enfant exigeant qui veut tout avoir et tout de suite.

L'attitude de ses parents face à l'argent l'influence assurément. S'ils valorisent et se procurent les derniers gadgets à la mode, la voiture de l'année, les vêtements griffés ou la technologie de pointe, l'enfant peut en venir à considérer les biens matériels comme nécessaires au bonheur et croire qu'ils viennent sans effort. Et si, par hasard, leur situation financière devient plus précaire, l'enfant ne comprendra pas pourquoi les autres obtiennent tout ce qu'ils désirent et pas lui, ce qui le mènera souvent à vivre cette situation comme une injustice.

Aider l'enfant à comprendre la notion d'argent

Lorsque vous retirez de l'argent au guichet bancaire, précisez que ces billets n'arrivent pas par magie, mais qu'ils viennent de l'argent que vous avez déposé dans votre compte. Lorsque vous faites des courses avec votre enfant, faites-le participer en lui demandant de comparer le prix de deux articles semblables et de repérer les rabais.

L'enfant de 8 ou 9 ans sera heureux de recevoir de ses grands-parents ou de sa marraine un montant d'argent précis à dépenser en leur compagnie. Ce sera l'occasion pour lui de faire des choix en tenant compte de la somme dont il dispose et d'utiliser ses notions de mathématiques. S'il achète tel jouet, lui restera-t-il suffisamment d'argent pour tel livre?

Lorsque l'enfant reçoit de l'argent pour Noël ou pour son anniversaire, peut-être serait-il pertinent de l'encourager à en épargner une partie? L'enfant de 9 ans sera fier d'avoir son premier compte bancaire, ce qui l'aidera à épargner[10]. Il lui sera alors facile de suivre ses épargnes en vue d'une activité ou d'un achat spécial.

Donner de l'argent de poche?

Donner une allocation à l'enfant, soit un certain montant d'argent toutes les semaines, peut être un bon moyen de l'initier à la notion d'argent. Cet argent, l'enfant le gérera comme il l'entend, mais s'il le dépense entièrement dès qu'il le reçoit, il comprendra rapidement que mieux vaut planifier ses achats pour avoir de l'argent toute la semaine.

Pour certains parents, cette allocation est liée aux tâches personnelles que l'enfant doit assumer (faire son lit, ranger sa chambre...) ou aux résultats scolaires. S'il ne fait pas ses tâches personnelles ou s'il n'obtient pas de bons résultats à l'école, son argent de poche est supprimé. D'autres considèrent qu'il ne devrait pas y avoir de lien entre les deux : même si l'enfant n'a pas fait ses corvées, il recevra tout de même son allocation, mais il y aura une autre conséquence qui ne sera pas de nature monétaire (privation d'une sortie, perte d'un privilège...). Pour que l'allocation atteigne vraiment son objectif de sensibilisation à l'argent, peut-être est-ce préférable de ne pas l'utiliser pour récompenser ou punir un comportement.

Rémunérer l'enfant pour des tâches domestiques ?

À l'âge scolaire, en plus de ses tâches personnelles, l'enfant peut participer à certaines corvées domestiques [11] : ramasser les feuilles mortes, pelleter l'entrée, changer la litière du chat, sortir les poubelles... (voir le chapitre 7 pour connaître les tâches que l'enfant peut assumer selon son âge). Devrait-on rémunérer l'enfant pour ces travaux ? Aux yeux de certains parents, c'est là une façon de montrer à l'enfant qu'il est nécessaire de travailler et de faire des efforts pour obtenir de l'argent. D'autres considèrent par contre que ces tâches représentent la contribution de l'enfant au bien-être de la famille, tout comme le parent y contribue en faisant les repas, le lavage, les courses. Ils ne veulent pas y associer de rémunération. À vous de décider, selon vos valeurs personnelles et votre situation financière, et d'expliquer votre position à votre enfant.

Faire la différence entre besoin et désir

Par ailleurs, il est utile de faire comprendre à l'enfant la différence entre besoin et désir, entre ce qui est nécessaire et ce qui est superflu, même si c'est agréable. Cette distinction contribue à amener l'enfant vers une consommation responsable. L'enfant a *besoin* de vêtements ou d'articles scolaires; il peut avoir *envie* d'un jeu vidéo. Il peut désirer un chandail à l'effigie de son chanteur favori et qui coûte plus cher que les autres. Alors on pourrait acheter ce dont il a besoin, mais l'inviter à payer le surplus pour satisfaire un désir. L'enfant comprendra que pour combler ses envies, il faut y mettre le prix.

Parfois, il devra prendre un certain temps pour amasser l'argent requis pour acheter ce qu'il désire. Ne pas tout obtenir instantanément fait partie de la vraie vie. Comme le dit Jean-Charles Harvey : « Les enfants gâtés se plaignent sans cesse de l'existence, parce que l'habitude d'être comblés les rend incapables d'apprécier ce qu'ils possèdent ».

Créativité

La créativité peut être définie comme la capacité d'imaginer et de réaliser quelque chose de nouveau, de produire de nouveaux objets, de nouvelles idées. C'est aussi la capacité de trouver des solutions originales aux questions que l'on se pose et de réaliser son potentiel personnel en appliquant ses talents à une réalisation concrète[11].

La créativité s'appuie sur la pensée divergente. On fait preuve de pensée divergente quand on peut appréhender une situation donnée sous différents angles. Elle comprend trois composantes : la fluidité (nombreuses idées), la flexibilité (idées nouvelles dans plusieurs domaines) et l'originalité (idée inhabituelle)[12]. Par exemple, si on demande à des enfants : « Comment peut-on utiliser un contenant de crème glacée pour jouer?», un enfant pourrait répondre: «Ça pourrait être un bol pour faire semblant de mélanger une recette, de manger de la soupe ou pour aller aux fraises». Ceci est un exemple de fluidité: l'enfant a plusieurs idées, mais l'utilisation est toujours celle d'un bol. Un autre pourrait témoigner d'une pensée plus flexible: «Le contenant pourrait être un tambour, un chapeau, un petit banc». Ici, l'enfant trouve des utilisations différentes. Enfin, un dernier pourrait trouver une idée originale à laquelle personne d'autre n'a pensé: «Le contenant pourrait être une piscine pour un petit personnage».

La souris frileuse

Je racontais une histoire à un groupe d'élèves de 4e année: l'histoire d'une souris frileuse qui souhaitait que le soleil reste toujours dans le ciel pour ne plus avoir froid. J'ai demandé aux élèves quelle solution elle pourrait trouver. Les réponses ont été fort variées et originales: demander à un magicien de faire apparaître un 2e soleil qui, lui, pourrait rester auprès de la souris, engager un hypnotiseur pour endormir le soleil qui oublierait de quitter son coin de ciel, faire ériger un grand mur qui emprisonnerait le soleil. La réponse la plus étonnante est venue d'une fillette: «Elle pourrait se *coller* sur son *chum* pour se tenir au chaud!» À n'en pas douter, ces enfants avaient beaucoup de créativité.

Des études ont souligné l'impact potentiel de la créativité manifestée dans le jeu sur la capacité future de la personne à résoudre les problèmes de façon originale. De fait, la créativité permet de porter un regard différent sur les événements, donc de développer une souplesse d'esprit. Plus l'enfant est créatif, plus il fait preuve d'imagination et d'ingéniosité dans sa façon d'aborder les situations, de résoudre les difficultés, et plus il peut faire les choses autrement quand la manière habituelle ne fonctionne pas. Sa créativité l'aide donc à faire face aux imprévus de la vie et à s'adapter à différentes situations.

Si l'environnement familial est organisé selon des règles rigides, il va de soi qu'il ne favorisera pas le développement de la créativité. La crainte de la déviation et le conformisme social sont le carcan de la créativité. Par contre, un environnement familial structuré, mais présentant une certaine souplesse pourra contribuer à la créativité des enfants, par exemple si l'enfant a le loisir de décorer sa chambre à sa convenance.

Le milieu scolaire peut aussi favoriser ou restreindre l'élan créatif des élèves. Si on attend d'eux qu'ils suivent constamment les consignes, travaillent de façon silencieuse et ne posent que des questions de compréhension ou de précision sur les matières enseignées, on offre peu d'espace au déploiement de la créativité. Par contre, si on assouplit la discipline, si on sollicite la participation des élèves pour organiser une activité ou un spectacle, on crée un climat propice et on stimule leur créativité.

Utilité de l'ennui[13]

L'ennui a mauvaise presse dans notre société ; il est vu comme une perte de temps. Alors dès que l'enfant semble s'ennuyer, on tente vite de lui trouver une activité. Pourtant, l'ennui chez l'enfant peut être vu comme un tremplin vers la créativité. Pour meubler sa solitude, pour contrer son ennui, l'enfant est à l'écoute de son monde intérieur, de ses envies et de ses goûts et il fait appel à ses ressources personnelles. N'avoir rien à faire contribue au développement de son monde imaginaire.

Dessin

De 4 à 7 ans, l'enfant dessine ce à quoi il pense et non ce qu'il voit. Ainsi, sachant qu'une auto a quatre roues, on les verra toutes sur son dessin, quelle que soit la position de l'auto. C'est l'étape du **réalisme intellectuel.**

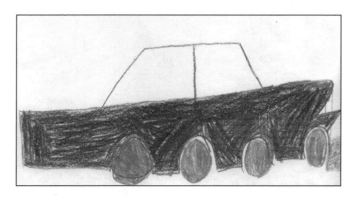

Les caractéristiques des dessins à compter de 7 ans

Ce n'est que vers 7 ou 8 ans, soit à l'étape du **réalisme visuel,** que l'enfant dessine réellement ce qu'il voit. Il s'appuie sur l'observation des choses pour les reproduire en respectant les particularités concrètes des objets. C'est alors sa perception visuelle qui lui permet de saisir la réalité. Son dessin est désormais facilement identifiable, malgré quelques erreurs de perspective et de proportion, et l'ensemble est plus cohérent. Le dessin est équilibré et structuré dans l'espace. Il dessine des maisons, des arbres et des fleurs avec plus de détails.

Jusqu'à 8 ou 9 ans, il est fréquent de voir des éléments de transparence dans le dessin de l'enfant[14]. Ainsi, les façades des maisons laissent paraître les personnages qui se trouvent à l'intérieur, la carrosserie des autos, les passagers qui y prennent place.

Le dessin de bonhomme

Vers 6 ans, le bonhomme est complet et articulé. Il est parfois habillé.

Vers 7 ans, les membres (les jambes et les bras) sont généralement représentés par des lignes doubles et non plus par un seul trait. Vers 8 ans, le cou apparaît. Quelque temps plus tard, le bonhomme pourra être dessiné de profil, ce qui démontre l'aptitude de l'enfant à poser un regard extérieur sur lui-même. Il peut se voir sous un angle qui n'est plus uniquement celui du reflet dans le miroir — de loin, de haut, de dos, de côté — et se représenter dans ces différentes positions.

On pourrait croire que c'est un garçon qui a fait le dessin ci-dessus, car jusqu'à l'âge de 10 ans, il semble que l'enfant dessine le personnage du même sexe que lui plus grand que celui du sexe opposé[15].

Activités stimulant la cognition

L'enfant d'âge scolaire est assoiffé de connaissances. Il aime découvrir, explorer le monde des adultes et comprendre le fonctionnement des choses. Les contacts avec le monde extérieur lui ouvrent de nouveaux horizons, que ce soit en vous accompagnant au supermarché, à la banque, au garage, chez le vétérinaire. Une activité très appréciée de l'enfant d'âge scolaire consiste à passer une journée dans le milieu de travail de ses parents : il peut alors observer ce qui s'y passe, comprendre à quoi son parent emploie ses journées et rencontrer ses collègues.

Par ailleurs, c'est en étant actif, en faisant des expériences, des exercices concrets, en suivant des démonstrations que l'enfant apprend le mieux. Ces stratégies qui favorisent l'apprentissage s'appliquent tant à la maison qu'à l'école. La visite de musées où se déploient des activités interactives saura vivement l'intéresser. À éviter : les musées qui n'invitent qu'à regarder les œuvres exposées.

Participer à des événements artistiques (danse, théâtre, peinture ou musique, selon ses intérêts) le sensibilise aux arts. La nature et le monde technologique répondent à sa curiosité naturelle et les expériences scientifiques (expériences simples de chimie, de physique…) suscitent son intérêt ; il en va de même avec l'observation de l'infiniment petit avec une loupe ou un microscope et celle de l'infiniment grand, avec un télescope. Les collections de timbres ou de pièces de monnaie lui font faire des apprentissages de géographie et de mathématiques.

Pour favoriser le développement du raisonnement et de la logique, on peut demander à l'enfant de calculer le pointage lorsqu'il participe à des jeux, de diviser le matériel entre les partenaires, de trouver des solutions quand il fait face à une difficulté. Les jeux d'observation et les énigmes incitent l'enfant à réfléchir, à émettre des hypothèses et à rechercher des solutions.

Fasciné par la magie, l'enfant de 8 ans peut apprendre à maîtriser quelques tours simples. Toutefois, la rapidité gestuelle requise pour créer l'illusion et la frustration ressentie à devoir répéter plusieurs fois le même tour pour le perfectionner peut en décourager quelques-uns.

La magie

À 8 ans, notre fils aîné a reçu un ensemble de magie pour Noël. Quelques minutes plus tard, il nous annonce qu'il est prêt à faire un premier tour. Toute la famille le regarde. Il fait semblant de mettre un morceau de mousse dans son oreille et de le retirer de sa bouche. Son jeune frère est très impressionné. Nous passons à table et nous nous rendons compte que notre plus jeune tente désespérément de trouver dans sa bouche l'ouverture qui lui permettrait de faire ressortir le bout de mousse qu'il a mis dans son oreille. Il n'a pas compris que son frère avait utilisé deux morceaux de mousse, en en dissimulant un dans sa main. Non, à 5 ans, l'enfant n'a pas encore les habiletés nécessaires pour faire des tours de magie.

Les jeux de construction de robot, de vaisseau spatial, de personnages sollicitent également son raisonnement et son sens de l'organisation. Si les pièces de deux jeux de construction sont compatibles entre elles, l'enfant pourra alors créer de nouveaux modèles au gré de son imagination.

Le cube Rubik®, ce casse-tête géométrique à trois dimensions conçu en 1974 et composé de 26 petits cubes (il n'y a pas de cube central), peut intéresser l'enfant de 10 ans et plus, à condition que l'enfant supporte la frustration ; il est en effet probable que, même après plusieurs essais, il ne réussisse à réunir les cubes de même couleur que sur une seule face. Et vous, l'avez-vous déjà réussi complètement ? Ce cube représente un exercice difficile sollicitant une excellente perception des relations dans l'espace, une capacité de prévoir ce qu'un geste aura comme effet sur toutes les faces à la fois et un bon sens mathématique.

En bref

Nombreuses sont les activités qui stimulent le développement cognitif. Par l'observation de votre enfant en action, vous serez en mesure de découvrir s'il a l'esprit scientifique plus développé que la fibre artistique, s'il est persévérant ou non, quels intérêts le caractérisent. Alors, vous pourrez l'accompagner de façon plus personnelle dans sa quête du savoir.

Notes

1. FERLAND, F. (1985). « La compréhension du handicap par les enfants de 6 à 11 ans », *Revue canadienne d'ergothérapie*, 52, 2, 67-71.

2. *Développement intellectuel selon Piaget* (2010).
   www.testqiofficiel.com/testqi/test-qi-enfant/developpement-intellectuel-de-lenfant-selon-piaget.html, consulté le 15 mai 2014.

3. FERLAND, F. (1985). *Op. cit.*

4. PROULX, S. (2003). « L'humour chez les enfants, expliqué aux parents... », *Montréal pour enfants*.
   www.montrealpourenfants.com/105-article-divers/lhumour-chez-les-enfants-explique-aux-parents-.html [Consulté le 15 avril 2014].

5. BEAUMONT, C. (2002). « Le deuil chez l'enfant : mieux le comprendre pour mieux l'accompagner », *Psychologie Québec*
   http://servicedereference.com/pdf/ArtDossier_Enfant_Nov02.pdf, consulté le 12 mai 2014.

6. *Le concept de la mort chez l'enfant.*
   www.goodoc.net/mort/mort_concept.html [Consulté le 12 mai 2014].

7. CRUCHET, D. *Impliquer les enfants dans les rituels de décès*, Services commémoratifs Mont-Royal, Outremont.
   www.dawncruchet.com/files/4338%20Impliquer%20les%20enfants.pdf, [Consulté le 22 août 2014].

8. FERLAND, F. (2010). « Déficience et maladie : ce que les enfants comprennent », *Yoopa.*
   www.yoopa.ca/psychologie/article/deficience-et-maladie-ce-que-les-enfants-comprennent [Consulté le 16 avril 2014].

9. WOOD, C., L. TEISSEYRE, C. CUNIN-ROY, (2014). *Développement cognitif et douleur.* Centre national de ressources de lutte contre la douleur.
   www.cnrd.fr/Developpement-cognitif-de-l-enfant.html [Consulté le 16 avril 2014].

10. VALLERAND, S. (2013). *Enseigner aux enfants la vraie valeur de l'argent –* Chronique Finances personnelles, MA tv.
    http://matv.ca/montreal/matv-blogue/mes-articles/2013-10-28-enseigner-aux-enfants-la-vraie-valeur-de-l-argent [Consulté le 15 mai 2014].

11. COTTRAUX, J. (2010). *À chacun sa créativité — Einstein, Mozart, Picasso... et nous.* Paris : Odile Jacob.

12. RENZULLI, J. (1986). « The three ring conception of giftedness : a developmental model for creative productivity ». In : R.J. STERNBERG et J.E. DAVIDSON, *Conception of giftedness* (pp : 53-92). New-York : Cambridge University Press.

13. BUZYN, E. (2002). *Papa, maman, laissez-moi le temps de rêver.* Paris : Les Éditions Albin Michel.

14. *Les petits artistes.*
    http://cours-de-dessin.ca/stadegraphique.htm [Consulté le 2 septembre 2014].

15. www.aubagne.ien.13.ac-aix-marseille.fr/aubagne/EspEns/docs/Ressources_Maternelle/lectures/dessin_du_bonhomme.pdf [Consulté le 21 juin 2014].

CHAPITRE 5

Le développement affectif et social

Si tu veux construire un bateau, ne rassemble pas tes hommes et femmes pour leur donner des ordres, pour expliquer chaque détail, pour leur dire où trouver chaque chose. Si tu veux construire un bateau, fais naître dans le cœur de tes hommes et femmes le désir de la mer.

Antoine de Saint-Exupéry

Mon père m'a donné le plus beau cadeau que quelqu'un pourrait donner à une autre personne, il a cru en moi.

Jim Valvano

C'est une belle invention, finalement, ce truc du père et de la mère. Du masculin et du féminin. Ces deux pôles de ta croissance, ces deux aliments de ta sensibilité.

Didier Tronchet

Qui trouve un ami, trouve un trésor.

Proverbe latin

La première partie de ce chapitre abordera l'expression et la gestion des émotions, la confiance en soi, l'autonomie, le sentiment de compétence et l'estime de soi, de même que le stress, les peurs de l'enfant et l'attitude parentale favorisant un développement affectif optimal.

La seconde partie s'attardera au développement social de l'enfant, c'est-à-dire à sa capacité de vivre avec les autres, de vivre en société.

Principales caractéristiques du développement affectif

L'affectivité est le domaine des émotions et des sentiments. Le développement affectif repose fondamentalement sur l'interaction entre l'enfant et les adultes qui l'entourent, particulièrement ses parents, et il représente la base de toutes les relations futures de cet enfant.

Le délai de gratification

Contrairement à la période préscolaire, à compter de 6 ans, l'enfant peut tolérer un certain délai avant d'obtenir satisfaction ou fournir un effort plus soutenu pour atteindre le résultat voulu. Voilà pourquoi il est apte à bien fonctionner à l'école. Il est en mesure de prendre le temps nécessaire pour arriver à reconnaître et tracer toutes les lettres ou pour terminer un exercice difficile.

Compte tenu de sa capacité à mieux tolérer les délais, il s'intéressera à des jeux de construction ou à des casse-tête plus complexes, dont l'achèvement requiert davantage de temps. Il devient, pourrait-on dire, plus patient.

L'âge de raison

Traditionnellement fixé à 7 ans, l'âge de raison fait référence à la compréhension de la notion du bien et du mal, de la justice et de l'injustice. Autrement dit, à cet âge, l'enfant comprend les interdits et il a conscience de ses actes. On peut dès lors faire appel à sa raison.

Les notions de bien et de mal, de justice et d'injustice

Vers 7 ans, l'enfant comprend la notion du bien et du mal. Il a intériorisé les directives et les règles des parents et il peut s'y conformer sans leur supervision directe. Il présente donc une capacité de plus en plus grande d'autorégulation. Il intègre également d'autres règles comme celles de l'école ou du Code de la route.

Ces notions sont désormais comprises par le biais de faits concrets plutôt que par l'impact qu'ils ont sur sa propre personne. Quand il était plus jeune, faire quelque chose de mal était surtout lié au fait de se faire prendre et de se faire gronder. Dorénavant, il peut saisir le bien-fondé des interdits.

Vers 8 ans, il comprend aussi la notion de justice et d'injustice, qui devient très importante pour lui. Aussi réagira-t-il si un enfant se fait injustement disputer par un adulte. Il commence à construire son propre code moral qui repose sur la justice et un traitement égal pour tous. À 10 ans, il condamne la délation, la tricherie et le mensonge.

La gestion de l'agressivité

Dorénavant, l'enfant exprime son agressivité principale-ment par la parole, un comportement plus mature que de donner un coup de poing ou de tirer les cheveux. Il lui arrive encore de faire des crises, mais elles diffèrent de celles de l'enfant plus jeune qui se fâche parce qu'il ne sait pas encore gérer ses frustrations. La crise de l'enfant de 6 ans et plus exprime non pas une perte de contrôle, mais une prise de contrôle[1]. L'enfant tente ainsi de punir le parent qui est à la source de sa frustration. Pour que ce comportement soit inefficace, il faut s'assurer que l'enfant n'en retire aucun gain et lui faire comprendre que la crise est inutile et ne dérange que lui.

L'agressivité survient aussi après un conflit avec les pairs et se manifeste différemment selon le sexe. En général, les garçons sont plus tranchants et plus dominants alors que les filles recourent à l'insulte, à des remarques désobligeantes, au chantage ou à la menace d'exclusion[2] : « Je ne t'inviterai pas à mon anniversaire ».

L'identification aux parents et amis de même sexe

Entre 6 et 8 ans, l'enfant veut s'identifier aux personnes du même sexe que lui : parent, amis, héros réalistes. Le parent du même sexe joue d'ailleurs un rôle considérable dans la formation de l'identité sexuelle. L'enfant tente de l'imiter et développe un modèle quant à la façon dont il doit penser et se comporter en tant que garçon ou fille. De la sorte, il construit ce que signifie être de sexe masculin ou être de sexe féminin[3]. Jusqu'à 6 ans, l'identité sexuée n'est pas vraiment intériorisée même si l'enfant sait depuis longtemps qu'il est d'un sexe ou de l'autre. Dorénavant, il considère qu'on est un garçon parce qu'on est dans un groupe de garçons, qu'on joue à des jeux de garçons, qu'on s'habille comme un garçon, qu'on parle et qu'on se comporte conformément aux normes du groupe des garçons — et de même pour les filles. Voilà pourquoi l'appartenance à un groupe de même sexe contribue aussi à l'identité sexuelle de l'enfant. Il peut également s'identifier à un enseignant, un entraîneur sportif… et tenter d'adopter ses valeurs.

À 6 ou 7 ans, l'enfant s'identifie à des héros réalistes (particulièrement ceux qui portent un uniforme : policier, astronaute, infirmière, agent de bord, médecin) puis, vers 10 ans, il a ses idoles (chanteuse, athlète...). À 9 ou 10 ans, il est conscient de sa personne, de ses vêtements, de son allure : il demandera peut-être à avoir les mêmes vêtements, la même coiffure que son idole. De nombreuses fillettes d'âge scolaire tenteront, par exemple, de ressembler à Marie-Mai, une chanteuse québécoise très populaire chez les jeunes.

Sentiment de compétence

Le sentiment de compétence se développe graduellement et se bâtit à partir d'expériences de réussite, et ce, dans différents domaines : les études, les sports, les arts... Grâce à ses succès, l'enfant prend conscience de ses capacités et il développe le sentiment d'avoir des compétences, d'être efficace dans certaines de ses actions.

L'école peut y contribuer largement compte tenu du temps que l'enfant y passe et de la variété des tâches qui lui sont demandées. Selon son degré de réussite, il se perçoit comme compétent ou incompétent. La compétence lui fait vivre un sentiment de fierté et de valeur personnelle qui le motive à s'engager et à persévérer dans ses activités d'apprentissage, et qui lui donne la volonté de prendre des risques pour exprimer ses opinions et ses idées autant que pour assumer ses actes. Le sentiment de compétence concourt à un équilibre affectif (une personnalité saine), équilibre qui est plus difficile à atteindre pour l'enfant qui se sent constamment incompétent et démotivé.

Diverses attitudes aident à la construction du sentiment de compétence de l'enfant : lui proposer des défis à sa mesure, le rendre conscient de ses forces, lui faire vivre des réussites, l'inviter à persévérer en pensant aux réussites antérieures et à la réussite anticipée, lui donner le droit à l'erreur, le soutenir face à un échec, le féliciter.

Estime de soi

Le sentiment de compétence contribue à l'estime de soi de l'enfant, c'est-à-dire à la valeur qu'il accorde globalement à sa personne. Germain Duclos, orthopédagogue et auteur, affirme : « Dans le milieu de l'éducation et dans le domaine de la santé mentale, on considère de plus en plus l'estime de soi comme fondamentale pour le bien-être psychologique de l'être humain[4]. » De fait, « une bonne estime de soi a un effet sur tous les aspects de la vie : l'apprentissage, les relations, la santé, la carrière, la satisfaction par rapport à sa vie[5]. »

L'enfant devient conscient qu'il y a un certain écart entre ce qu'il aimerait être — ou ce qu'il pense devoir être — et la façon dont il se perçoit. Si cet écart est faible, son estime de soi sera généralement élevée ; s'il est important, son estime de soi sera faible. Il peut arriver qu'un enfant ait une bonne estime de soi sur un terrain de soccer, mais que cette dernière soit plus faible en français.

« Nous devons aider nos enfants à développer une estime de soi (…) qui leur permettra de réussir à accepter la critique, les échecs et les déceptions aussi bien que les succès et l'approbation[6]. »

À l'école, en comparant ses propres aptitudes avec celles de ses pairs tant dans les matières académiques que dans les sports, l'enfant apprend à se connaître. Malheureusement, s'il subit des échecs à répétition, il arrive que la comparaison amène l'enfant à développer un sentiment d'infériorité vis-à-vis ses pairs. L'échec peut survenir parce que l'enfant choisit des projets ou des tâches trop difficiles à réaliser par rapport à son stade de développement, parce qu'il tente de satisfaire les attentes irréalistes de ses parents (pression indue) ou parce qu'il utilise des critères sévères pour évaluer ses réalisations personnelles.

On pense parfois qu'en pointant les faiblesses et les difficultés de l'enfant, il s'améliorera. Cela peut être vrai dans certains cas, mais à long terme, si l'on ne souligne que les points faibles de l'enfant, il développera une image négative de lui-même. Il vaut mieux soutenir l'estime de soi de votre enfant en notant ses comportements positifs, ses réalisations et ses succès, et en lui donnant l'occasion de pratiquer des activités dans lesquelles il est bon. Il ne s'agit pas de lui faire croire qu'il est meilleur qu'il ne l'est en réalité, mais bien de l'aider à prendre conscience de sa valeur.

Tous les adultes qui côtoient l'enfant peuvent contribuer à son estime de soi, que ce soit les grands-parents qui le félicitent pour son match de soccer, son spectacle de danse ou l'exposition à laquelle il a participé à l'école, ou les destinataires des bijoux, bricolages, cartes ou dessins faits par l'enfant. Pour que les compliments portent, il faut toutefois qu'ils soient sincères. S'ils sont trop empathiques, l'enfant n'y croira pas. Ainsi, à l'enfant qui a eu du mal à suivre les autres dans une chorégraphie, il serait préférable de dire : « C'était une danse vraiment compliquée. Tu as dû travailler fort pour l'apprendre », plutôt que « Tu étais le meilleur ! », ce qui n'est pas la vérité.

Autonomie ou indépendance, du pareil au même ?

Doit-on viser l'autonomie ou l'indépendance de l'enfant ? Autonomie et indépendance sont-elles synonymes ? La réponse est non. L'autonomie est la faculté d'agir par soi-même, de décider, de faire des choix, de gérer sa vie en somme. Quant à l'indépendance, elle réfère à la capacité de faire une tâche ou une activité sans l'aide de quelqu'un ou de quelque chose ; ainsi, si l'on est myope, on est dépendant de nos lunettes pour bien voir, même si par ailleurs, on peut être très autonome. On est donc indépendant quand on fait des activités sans aide et on est autonome quand on décide, quand on choisit ce que l'on veut faire.

Très tôt, on demande à nos enfants d'être indépendants, de s'habiller seuls, de faire leur lit, de ranger leur chambre. On souhaite qu'ils en viennent rapidement à faire les choses par eux-mêmes et on valorise leur indépendance. Mais peut-être oublie-t-on de mettre aussi l'accent sur leur autonomie, en leur laissant une marge de manœuvre pour décider, pour faire des choix. Bien sûr, l'enfant doit respecter des règles et ne peut jouir d'une totale liberté, mais nombreuses sont les occasions où il peut exercer son libre arbitre. En voici quelques exemples.

- Choisir ses vêtements pour aller à l'école.
- Décider du contenu de son petit-déjeuner.
- Choisir l'activité scolaire à laquelle il veut s'inscrire.
- Choisir un vêtement au magasin.
- Décorer sa chambre à son goût.

L'enfant doit toutefois assumer les conséquences de ses choix, ce qui participe également au développement de son autonomie. Si, par exemple, l'activité parascolaire qu'il a choisie ne lui plaît pas, il devra attendre le prochain trimestre pour en changer.

Apprendre à assumer des responsabilités contribue aussi à l'autonomie de l'enfant : être responsable de mettre la table, de rentrer le courrier, de nourrir Chaton tous les matins...

Être responsable d'un animal

› Vers 9 ou 10 ans, l'enfant peut prendre en charge un animal de compagnie. L'ampleur des tâches varie selon l'animal.

> › Un chien doit être nourri et promené tous les jours, beau temps, mauvais temps, car il a besoin d'exercice. Ses selles doivent être ramassées.
> › Un chat demande moins de soins qu'un chien, mais il doit être nourri et brossé, car il laisse ses poils sur tout ce qu'il touche. Sa litière doit être nettoyée régulièrement.
> › Une perruche ou des poissons rouges requièrent encore moins de soins : ils doivent être nourris et leur cage ou aquarium doit être nettoyé périodiquement, mais il reviendra souvent à maman ou papa de s'en charger.

Une autre stratégie gagnante pour favoriser l'autonomie de l'enfant est d'accepter que les choses ne soient pas toujours faites à notre façon, autrement dit de lâcher du lest, comme nous l'avons mentionné à la fin du premier chapitre. Un exemple ? Quand votre enfant fait le ménage de sa chambre, plutôt que de chercher la petite bête (« Tu as oublié de ranger ton pyjama sous ton oreiller »), relevez les points positifs (« Tu as décidé de mettre toutes tes petites autos sur la tablette du bas ? Ça fait joli. »). Si vous n'insistez que sur les points négatifs, votre enfant aura l'impression qu'il n'arrivera jamais à vous contenter et cessera peu à peu de s'y efforcer ; au contraire, le laisser faire l'activité seul et à sa façon renforcera son désir d'autonomie.

Face à l'autonomie, l'enfant peut être partagé entre deux désirs contradictoires : s'engager dans le monde des « grands », s'affirmer et exprimer ses préférences mais, paradoxalement, il a aussi envie de se soumettre aux attentes de ses parents. L'autonomie fait peur : l'enfant a besoin qu'on le rassure et qu'on lui donne le droit à l'erreur.

Encourager l'autonomie de son enfant, c'est aussi ne pas briser ses rêves, ouvrir la porte à la discussion, lui permettre d'exprimer ses sentiments et d'expliquer son point de vue. On lui reconnaît alors le droit à la parole. Par exemple, si l'enfant revient de l'école en disant « Je sais ce que je veux faire comme métier : astronaute (comédienne, agent secret ou photographe) », plutôt que de le décourager, on favorisera une vraie discussion en lui demandant « Qu'est-ce qui t'attire dans ce métier ? » et en écoutant ses réponses. Au fil des années, il aura tout le temps de décider si ce choix est réaliste ou s'il l'intéresse toujours. Une telle attitude favorise non seulement l'autonomie, mais aussi la confiance et l'estime de soi de l'enfant, qui se sent important puisqu'on le considère comme un interlocuteur valable et qui mérite d'être écouté.

En bref ···

L'autonomie est donc un objectif à viser, tout autant que l'indépendance, car alors l'enfant apprend à se débrouiller sans attendre des autres qu'ils décident pour lui. Il saura prendre sa place dans sa vie.

···

Rester seul à la maison

Pour beaucoup de parents, la question suivante, en lien avec l'autonomie et le sens des responsabilités, est une source de stress : à quel âge puis-je laisser mon enfant seul à la maison ? Quand est-il suffisamment responsable pour rester seul en toute sécurité ? Selon le Conseil canadien de la sécurité[7], les enfants responsables ayant au moins 10 ans peuvent passer une ou deux heures seuls à la maison, à condition qu'un adulte responsable — une voisine, par exemple — puisse lui venir en aide au besoin.

Au Québec, il n'existe aucune loi sur l'âge minimum pour laisser son enfant seul à la maison. On considère que dès 11 ans, les enfants sont suffisamment matures pour suivre le cours Gardiens avertis, offert dans les écoles du Québec. D'une durée de 8 heures et relevant de la Croix-Rouge, ce cours présente les techniques de secourisme de base et les compétences nécessaires pour prendre soin des enfants[8]. On peut en déduire qu'un enfant de 10 à 11 ans peut rester seul à la maison. Mais l'âge n'est pas le seul critère à considérer dans cette décision. La personnalité de l'enfant constitue aussi un facteur déterminant. Deux enfants du même âge peuvent présenter un niveau de maturité fort différent : l'un peut être suffisamment autonome pour rester seul quelque temps tandis que l'autre, trop craintif ou trop peu responsable, doit toujours être sous la supervision d'un adulte.

En faire l'expérience avant la fin du primaire est une belle façon de préparer le jeune à l'école secondaire, où il n'y a évidemment plus de service de garde.

Pour déterminer si votre enfant est apte à rester seul à la maison, voici quelques questions proposées par le Conseil canadien de la sécurité[9] :

- Votre enfant se sent-il à l'aise lorsqu'il est seul ?
- Vous sentez-vous à l'aise en laissant votre enfant seul ?
- Votre enfant peut-il suivre les consignes de façon responsable ?
- Comprend-il les instructions écrites ou orales ? S'en souvient-il ?
- Votre enfant peut-il trouver des activités constructives à faire sans faire de sottises ?
- Votre enfant peut-il composer avec des situations normales et des situations imprévues ?
- Pouvez-vous communiquer facilement avec votre enfant lorsque vous êtes absent(e) ?
- En cas d'urgence, votre enfant peut-il joindre quelqu'un ?

Lors des premières expériences, les périodes où l'enfant est seul à la maison doivent être de courte durée : le temps d'une course au magasin, par exemple. Puis, si tout va bien, ce temps peut être progressivement augmenté. Si vous avez un enfant de 7 ans et un autre de 11 ans, il n'est pas certain que l'aîné soit en mesure de garder son jeune frère (ou sa jeune sœur) et ce, même s'il a suivi le cours de Gardiens avertis ; il pourrait avoir plus de mal à se faire écouter par son jeune frère ou sa jeune sœur que par un autre enfant.

Pour que tout se passe bien, il est utile d'apprendre à l'enfant les bons réflexes à avoir en cas de besoin — composer le 911 ou d'autres numéros de téléphone d'urgence, par exemple. Il faut lui expliquer dans quelles situations il doit faire le 911, c'est-à-dire en cas d'accident grave ou d'incendie. Vous pouvez simuler une situation d'urgence à l'aide d'un téléphone jouet, en jouant le rôle du répartiteur du 911. L'enfant doit pouvoir donner clairement son nom, son adresse, le numéro de téléphone de la maison et décrire brièvement les faits.

Peurs

De 6 à 12 ans, l'enfant peut manifester diverses peurs : les insectes, les voleurs, les accidents, certains phénomènes naturels tels que les orages, le tonnerre ou le feu. Le spectacle quotidien, pendant le bulletin de nouvelles, d'accidents mortels, de bombes qui explosent, de gens qui font la guerre peut l'angoisser et alimenter ses frayeurs : l'enfant a besoin qu'on lui explique les événements. L'école peut aussi faire naître des craintes : peur d'être rejeté, de prendre la parole devant la classe, d'être jugé… À 9 ou 10 ans, comme l'enfant a intégré le concept de la mort, il peut également avoir peur que ses parents meurent.

Josiane

Les parents de Josiane, 9 ans, ont proposé à leur fille de déménager sa chambre au sous-sol : elle pourrait la décorer à sa guise et y recevoir ses amies. Peu enthousiaste, Josiane a finalement avoué à ses parents qu'elle ne veut pas être seule au sous-sol pendant la nuit. Elle a peur du noir et préfère garder sa chambre actuelle près de celle de ses parents. Ces derniers ont reporté à plus tard leur projet de rénovation. À l'adolescence, Josiane sera davantage en mesure d'apprécier cette distance de ses parents.

Quand votre enfant vous dit qu'il a peur, c'est qu'il a vraiment peur. Évitez de vous moquer de lui ou de le traiter de bébé ; prenez plutôt le temps de l'écouter vous raconter ce qui l'inquiète, ce qui lui fait peur.

Jouer avec la peur

Paradoxalement, les enfants d'âge scolaire adorent jouer avec la peur, mais seulement dans un contexte où ils se sentent en sécurité. Ils aiment certains films à frissons, quoique cet intérêt se développe encore plus à l'adolescence. Certains de leurs jeux témoignent aussi de cet intérêt. Ainsi, quand ils jouent à cache-cache, ils se retrouvent seuls, terrés dans un coin sombre. À l'Halloween, ils adorent se déguiser en monstres ou en sorcières, des personnages qu'ils craignaient quelque temps auparavant. La visite d'un zoo leur permet d'affronter sans risque des bêtes féroces, lions, éléphants, ours polaires et compagnie. Ces activités, dans lesquelles l'enfant joue en quelque sorte avec ses peurs, lui donnent un sentiment de puissance et de maîtrise et lui apporte la certitude d'avoir grandi.

Le stress

Le stress n'a pas d'âge : il n'est pas réservé qu'aux adultes. Les enfants aussi en subissent l'influence. On estime que le stress chez les enfants a augmenté de 45 % au cours des 30 dernières années[10].Trois facteurs contribuent à rendre une situation stressante :

1) La nouveauté ;

2) L'imprévisibilité ;

3) L'absence de contrôle sur la situation[11].

Pensons à l'entrée à l'école primaire : voilà une situation nouvelle qui entraîne son lot de moments imprévisibles sur lesquels l'enfant n'a aucun contrôle. Elle est donc potentiellement stressante, tout comme peuvent l'être un déménagement, la naissance d'un petit frère ou d'une petite sœur, une hospitalisation, la séparation des parents, sans oublier le stress de performance que ces derniers alimentent, car ils veulent que leur enfant réussisse mieux que les autres. S'ajoutent le stress des parents en lien avec leur travail, un climat familial tendu, une séparation ou un divorce à venir... tout cela peut aussi déteindre sur l'enfant.

Chez l'enfant, le stress peut se manifester de différentes façons[12] : tics, bégaiements, crises d'asthme, irritabilité, opposition, passivité, maux de tête, maux de ventre, difficulté à relaxer ou à dormir, fatigue excessive.

Il ne faut pas tenter de protéger l'enfant de tous les agents stressants : le surprotéger pourrait augmenter sa difficulté à gérer son premier stress majeur. Si l'on ne doit pas surprotéger l'enfant, il faut toutefois l'aider à gérer son stress.

Pour ce faire, le jeu actif à l'extérieur s'avère un excellent moyen. En effet, l'activité physique régulière augmente la production d'endorphines qui combattent et éliminent le cortisol, qui est une hormone sécrétée par le corps lors de moments de stress. Jouer dehors peut donc contrebalancer les situations stressantes[13]. De plus, dans le jeu, l'enfant contrôle la situation qui n'est ni nouvelle ni imprévisible pour lui.

Par ailleurs, vous pouvez atténuer l'aspect nouveau et imprévisible d'une situation, par exemple en visitant avec votre enfant l'école où il ira, le nouveau quartier où la famille habitera, la nouvelle chambre qu'il aménagera à sa convenance, ou encore en lui expliquant de façon concrète ce qui se passera lors de la visite chez le dentiste. Alors, l'enfant pourra davantage prévoir la situation à venir et déjà commencer à l'apprivoiser, ce qui contribuera à diminuer son stress.

D'autres stratégies peuvent concourir à contrer le stress:

> *Des horaires prévisibles* assurent à l'enfant une bonne stabilité et le rassurent;

> *Une alimentation saine* se transforme en énergie positive. À éviter: prendre des boissons et des collations riches en sucre, sauter un repas, ne pas boire suffisamment d'eau;

> *Un horaire de sommeil fixe*, d'une durée approximative de 9 à 11 heures par nuit, aide l'enfant à récupérer;

> *L'humour* est une arme efficace pour lutter contre le stress.

Par ailleurs, des activités comme l'art dramatique, la narration de contes, la peinture, la musique permettent à l'enfant d'exprimer des émotions et des sentiments et peuvent contribuer à diminuer son niveau de stress.

En bref ··

Selon le ministère de la Santé et des Services sociaux du Québec: «Un enfant qui vit dans un milieu familial stable et rassurant aura peu de risque de développer des réactions importantes de stress, d'inquiétudes et de malaises. Il importe aussi de se rappeler que l'enfant possède une étonnante capacité d'adaptation et que sa façon de réagir aux événements est déterminée en grande partie par la façon de réagir des personnes qui l'entourent[14].»

··

Mensonge

Avant l'âge de 6 ou 7 ans, l'enfant altère souvent la réalité, mais de façon inconsciente: c'est l'âge du *pas vu, pas pris.* Puis le mensonge évolue; l'enfant saisit la nuance entre les histoires qu'il imagine et le véritable mensonge, même si un mensonge qui fait plaisir à maman lui semble encore acceptable. On parle de réel mensonge à partir de 6 ou 7 ans. L'enfant peut mentir pour épater la galerie («J'ai déjà conduit la voiture de mon père»), pour éviter une punition («Ce n'est pas moi qui ai cassé le bibelot»), pour ne pas décevoir ses parents («Aujourd'hui, j'ai eu la meilleure note dans la dictée»). Entre 9 ans et 12 ans, il peut mentir ou dissimuler certaines choses pour s'éviter des critiques et des remarques. Il peut aussi mentir par omission, c'est-à-dire en s'abstenant de dire quelque chose.

Que faire alors? Plutôt que de procéder à une enquête approfondie et de vouloir à tout prix rétablir les moindres faits en lien avec le mensonge, il est plus adéquat de chercher la cause de ce dernier. «Je pense que tu as peur de ma réaction, tu as peur de me décevoir...»; «Je pense que tu souhaiterais éviter de faire cette tâche»; «Est-ce possible que tu sois fâché contre moi et que tu fasses ça pour me contrarier ? » ; « Je pense que tu n'es pas fier de toi… » De la sorte, on encourage l'enfant à la franchise. L'enfant ne mérite pas de punition pour un mensonge avoué : sinon, cela l'encouragerait à ne plus jamais opter pour la franchise.

Toutefois, il arrive qu'un mensonge doive être sanctionné compte tenu des graves conséquences qu'il peut entraîner, que ce soit la perte de confiance des adultes, de sérieux problèmes à l'école, ou si l'enfant s'est mis en danger. La « bonne » punition est toujours celle qui revêt une signification pour l'enfant : suppression d'un jeu, d'une sortie, remboursement d'un bris…

En outre, il doit y avoir de la cohérence entre nos paroles et nos actes. Si l'on dit à l'enfant, « Si c'est tante Michèle qui appelle, dis-lui que je ne suis pas là » ou si on lui demande de tricher sur son âge au restaurant pour payer moins cher, nous l'entraînons dans un mensonge alors qu'on lui demande de toujours dire la vérité. Dès 7 ou 8 ans, les enfants commencent se rendre compte que les adultes maquillent parfois la vérité pour éviter les ennuis, ne pas faire de peine, échapper à une dispute ou valoriser leur image[15]… Dans un tel contexte, pourquoi les enfants ne seraient-ils pas tentés de faire de même ?

Mots clés pour les parents : amour, discipline et constance

L'amour, la discipline et la constance des parents favorisent l'épanouissement de l'enfant.

Les parents doivent démontrer leur **amour** à leur enfant. Celui-ci a besoin d'être aimé pour ce qu'il est et non pour celui qu'on voudrait qu'il soit, de sentir qu'on l'accepte sans réserve malgré ses écarts de comportements occasionnels. Par leur amour, les parents procurent à l'enfant une sécurité affective, la base sur laquelle se développent le sentiment de compétence, l'autonomie et l'estime de soi. Cet amour se manifeste par un encadrement chaleureux, des mots pour le communiquer et de petits gestes quotidiens pour le démontrer.

Soutenir l'enfant dans ses efforts, encourager ses tentatives, être à l'écoute de ses espoirs, de ses difficultés, l'aider à développer son esprit critique, être là pour répondre à ses questions, ce sont là d'autres façons de lui manifester votre amour.

Précisons qu'on ne peut jamais trop aimer un enfant. Il arrive toutefois qu'on l'aime maladroitement, par exemple quand les cadeaux sont la seule manifestation d'affection, quand on ne souligne pas ses réussites par crainte de le rendre orgueilleux, quand seuls ses comportements inadéquats suscitent une réaction.

Les parents doivent aussi établir une **discipline** dans la famille[16]. « La discipline est une forme d'affection[17] » et, comme le souligne Brazelton[18], « …discipline signifie enseignement, et non punition ». L'enfant doit connaître les règles de vie à suivre (heure du coucher, temps dévolu à l'écoute de la télé ou aux jeux vidéo…), les comportements attendus et les valeurs à respecter (politesse, respect des autres, honnêteté…).

Il faut viser « …un juste équilibre (…) entre l'imposition d'une discipline de fer, où l'enfant n'apprend rien par lui-même, et la liberté absolue, où l'enfant doit tout apprendre par lui-même[19] ».

L'objectif de la discipline est d'amener l'enfant à une forme d'autodiscipline ; autrement dit, qu'il en vienne à adopter le comportement attendu même en votre absence. Pour y parvenir, il a besoin de comprendre les principes sous-tendant les limites : il lui sera, en effet, plus facile de les respecter s'il en comprend le bien-fondé.

Certaines règles peuvent être discutées avec l'enfant d'âge scolaire : celui-ci se sent alors respecté et suit les règles plus facilement, car il a participé à leur établissement. Par exemple, « La semaine, tu te couches à 20 heures pour être en forme à l'école le lendemain, mais les fins de semaine, tu pourrais te coucher un peu plus tard. Quelle heure te semblerait raisonnable ? » ; « Quand préfères-tu préparer tes vêtements pour l'école, le soir ou le matin ? » ; « Veux-tu prendre ton bain avant ou après le repas ? ». Évidemment, si la solution négociée ne fonctionne pas, on doit revoir les règles. En lui laissant une marge de manœuvre, l'enfant développe son autonomie et prend en charge son comportement.

Si vous avez un enfant plus jeune que celui d'âge scolaire, il serait avisé d'établir des règles légèrement différentes pour chacun. L'aîné appréciera par exemple, se coucher 15 minutes plus tard que le cadet.

Dans l'amour comme dans la discipline, la **constance** des parents joue un rôle important. Leur attitude à l'endroit de l'enfant doit être prévisible ; l'enfant comprend alors plus facilement ce qu'on attend de lui et il peut prévoir les conséquences de ses actes. À l'inverse, une attitude qui est tantôt tolérante et tantôt exigeante face à un comportement donné crée chez lui un sentiment d'insécurité. Être constant avec l'enfant ne signifie pas être rigide, mais bien avoir une attitude qui ne change pas selon notre humeur. C'est donc manifester une attitude stable en lien réel avec le comportement de l'enfant et non tributaire de notre état de fatigue. Il doit aussi y avoir cohérence entre les parents : les interdits doivent être les mêmes pour papa et maman.

Être constant, c'est aussi tenir les promesses faites à l'enfant. Celui-ci peut alors se fier à ce que lui disent ses parents. Si on n'est pas sûr de pouvoir tenir une promesse, mieux vaut ne pas la faire pour ne pas ébranler la confiance de l'enfant.

Activités stimulant le développement affectif

Les activités qui permettent à l'enfant de s'exprimer et de communiquer ses émotions et ses sentiments contribuent à son développement affectif. Ces **activités d'expression** sont nombreuses et variées : le mime, le théâtre, l'improvisation et les jeux de rôles en sont de bons exemples. Un enfant plus réservé préférera peut-être le dessin ou la peinture aux activités faites devant public.

Jouer avec votre enfant est un excellent moyen de créer et maintenir une riche interaction avec lui. Jouez avec lui non pas pour lui apprendre quelque chose, mais pour le plaisir de partager une activité en sa compagnie. Une douce complicité s'établit alors entre vous : vous riez ensemble, vous avez du plaisir ensemble. L'enfant vous découvre sous un autre jour : vous n'êtes plus seulement la figure d'autorité qui lui dit quoi faire et quoi ne pas faire, mais vous lui démontrez que vous aimez aussi avoir du plaisir avec lui. Donner du temps de qualité à son enfant, c'est lui donner de l'amour.

En bref

Au-delà des activités, c'est toutefois **votre attitude** qui peut contribuer le plus au développement affectif de votre enfant. En établissant une relation chaleureuse avec lui, en lui témoignant un réel intérêt, en lui reconnaissant le droit de s'exprimer, vous établissez les bases lui permettant de développer sa confiance en soi, son estime de soi et un sentiment de compétence. En lui laissant une marge de manœuvre pour décider, choisir, faire à sa manière, vous contribuez au développement de son autonomie et de sa créativité.

Développement social

À l'âge scolaire, la vie en groupe prend une importance croissante et l'intérêt pour les pairs est manifeste chez l'enfant. C'est l'âge d'or de la socialisation, l'âge des plaisirs du « vivre ensemble[20] ». Les habiletés sociales sont requises tant pour créer des amitiés que pour bien fonctionner à l'école.

Les habiletés sociales

À compter de 6 ans, l'enfant présente des comportements socialisés : il peut partager avec les autres, tenir compte de leur opinion et attendre. De plus, il prend graduellement conscience de leurs qualités, de leurs préférences et de leurs différences. Vers 8 ans, comme il commence à pouvoir se mettre à la place de l'autre, il leur témoigne de l'empathie : il devient plus sensible et plus tolérant envers ses pairs.

L'âge scolaire est une période importante pour la socialisation communautaire. L'enfant s'intéresse à la société concrète qui l'entoure : son quartier, le parc, la caserne de pompiers, la bibliothèque, la piscine municipale… Il s'ouvre à ce qui se passe à l'extérieur de sa famille, il commence à se détacher d'elle et à préférer la compagnie de ses amis dont il est solidaire.

L'enfant d'âge scolaire apprend le travail en équipe : il coopère avec les autres pour atteindre un but, ce qu'on peut observer lors de travaux scolaires et de matchs sportifs. Il démontre aussi un esprit de compétition, car il aime se mesurer aux autres. Ce goût de la compétition se développe à partir de 9 ans[21].

Dans une équipe sportive, l'enfant démontre ces deux facettes : il coopère avec ses coéquipiers, mais est en compétition avec les adversaires. De plus, il ne ménage aucun effort pour la victoire de son équipe.

Les amis

Les amis sont très importants pour l'enfant d'âge scolaire. Ils deviennent des modèles, parfois des confidents, mais surtout de précieux partenaires de jeu. Si l'enfant est rejeté par ses pairs, son estime de soi peut en souffrir.

Son appartenance à un groupe, que ce soit à l'école ou dans les sports, favorise le développement de sa tolérance face aux différences de même que de sa capacité à résoudre des problèmes en cherchant des solutions et des compromis qui permettent de préserver l'harmonie dans le groupe. L'organisation des relations sociales dans les groupes d'enfants d'âge scolaire est basée sur des règles communes de fonctionnement qui régularisent la vie du groupe. Ceux qui les transgressent sont mal perçus par les pairs. Au sein d'un groupe, les enfants utilisent souvent des taquineries ou des plaisanteries, mais réservent les méchancetés à ceux qui n'en font pas partie[22].

Vers 9 ou 10 ans, on voit parfois naître des clubs secrets regroupant quelques enfants, habituellement de même sexe. Un code secret connu des seuls membres initiés permet d'avoir accès au point de rencontre. Des règles précises peuvent être définies par ce groupe. Et malheur à celui qui ne les respecte pas : il risque l'exclusion.

Les garçons avec les garçons, les filles avec les filles

Dans les groupes d'amis de cet âge, on observe généralement une ségrégation sexuelle : les filles avec les filles et les garçons avec les garçons et ce, malgré une éducation devenue systématiquement mixte. Comme nous l'avons mentionné précédemment, cette différenciation permet aux enfants d'affirmer leur identité sexuelle qui se traduit aussi par des différences dans les jeux des garçons et des filles. Habituellement, les garçons s'adonnent à des jeux plus robustes alors que les filles privilégient des jeux plus calmes.

L'enfant populaire/l'enfant impopulaire

Tous les parents souhaitent que leur enfant soit populaire auprès des autres enfants et des adultes. Il existe un lien étroit entre la maturité affective de l'enfant et le niveau de popularité de ce dernier auprès de ses camarades. L'enfant qui sait maîtriser ses émotions, qui tient compte des désirs de l'entourage, qui est capable de se mettre à la place de l'autre, en un mot qui a un comportement altruiste et non agressif, aura davantage de chances d'être apprécié des autres. Il sera parmi les premiers choisis lors de formation d'équipes et sa compagnie sera recherchée. L'enfant populaire peut devenir un modèle que les autres observent et tentent d'imiter.

Par ailleurs, certaines caractéristiques des enfants populaires ne dépendent pas de leur comportement. Ainsi, les enfants qui sont beaux ont plus de chances d'être populaires; cependant, encore faut-il qu'ils se comportent de façon positive.

Quant à l'enfant impopulaire, il présente en général peu d'habiletés sociales, des comportements agressifs et hostiles; il perturbe l'activité des autres et n'est pas coopératif. Cet enfant peut être négligé, ignoré par ses pairs, rejeté, repoussé ou mis de côté.

Le meilleur ami

Outre l'apport des pairs dans sa vie par son intégration dans un groupe, l'enfant bénéficie également d'avoir un meilleur ami, qui en général est du même sexe que lui.

À compter de 6 ans, l'amitié est définie en termes de confiance réciproque et d'entraide. La gentillesse et la générosité sont des qualités recherchées chez l'ami et l'amitié est caractérisée par l'intimité, soit l'ouverture de soi sur l'autre et le partage avec lui de pensées intimes, et par la similarité d'intérêts et de passions communes.

Selon une étude menée auprès de garçons de 10 et 11 ans[23], la présence d'un meilleur ami pourrait contrebalancer les événements négatifs qui ponctuent le quotidien de l'enfant : l'amitié est en quelque sorte un bouclier contre les coups durs. Cet ami apporte soutien et réconfort à l'enfant et il tient souvent auprès de lui le rôle de confident.

Parents et amis

À l'âge scolaire, l'enfant a besoin de mettre une certaine distance entre lui et ses parents et n'apprécie peut-être pas que sa mère lui donne des bisous devant ses amis, comme elle pouvait le faire quand il était plus jeune. En présence des amis de votre enfant, il vous faut donc être plus discret dans vos marques de tendresse.

Parfois, pour paraître *cool,* certains parents font des blagues ou adoptent des expressions qu'utilisent leur enfant et ses amis. L'effet obtenu risque d'être contraire à celui qui est recherché. L'enfant se sentira gêné d'entendre son père ou sa mère parler comme ses amis. Ces blagues ou expressions appartiennent aux jeunes.

Activités stimulant le développement social

Favoriser les activités avec les amis est le moyen privilégié pour soutenir le développement social de l'enfant. Avec eux, il pourra converser, élaborer des projets, monter un spectacle, faire du sport, jouer à des jeux de société…

Les sports d'équipe, qui allient à la fois des éléments de coopération et de compétition, intéressent particulièrement les enfants de 8 à 9 ans ; ceux de 6 à 7 ans aussi peuvent apprécier ces activités… surtout s'ils gagnent.

L'enfant d'âge scolaire est très intéressé par son environnement concret ; voilà pourquoi il apprécie les jeux réalistes qui reproduisent des situations courantes, qui comportent des règles semblables à celles qui régissent la société. C'est le cas de la plupart des **jeux de société** qui, en plus, lui permettent de jouer des rôles : au Monopoly®, il est un riche propriétaire ou un agent immobilier, avec Jour de paye®, un travailleur qui gère son budget et avec Stratego®, un militaire chevronné qui sait gagner ses batailles. De plus, ces jeux comportent des règles à suivre, ce qui plaît à l'enfant d'âge scolaire.

Grâce aux jeux de société, l'enfant intègre diverses notions : attendre son tour, écouter les autres, apprendre et suivre les règles et les consignes — les mêmes pour tout le monde — poursuivre le jeu jusqu'au bout, apprendre à gagner, mais aussi accepter de perdre, ce qui n'est pas si facile : cela s'appelle apprendre à vivre en groupe.

Son intérêt pour les règles trouve aussi satisfaction dans des jeux comme les échecs, les dames, les dominos et même dans le jeu de cache-cache. En effet, contrairement à la période préscolaire, les enfants d'âge scolaire qui s'adonnent à ce jeu précisent des règles à respecter : lieux où il est interdit de se cacher, formule précise à dire quand le meneur trouve un joueur, point à toucher pour se *délivrer*.

Pour les enfants qui acceptent mal de perdre, les jeux de hasard, tels certains jeux de dés et de cartes, sont les premiers à privilégier puisqu'alors tous les joueurs sont sur un pied d'égalité et peuvent gagner. Ils ne requièrent aucune stratégie, reposant exclusivement sur le hasard : l'enfant perd un jour et gagne le lendemain. Graduellement, il apprend à perdre sans trop de douleur et à gagner avec humilité.

L'enfant apprécie que **ses amis viennent à la maison et il aime tout autant aller chez eux.**

C'est l'occasion pour lui de constater que toutes les familles n'ont pas les mêmes règles, que ce soit en matière d'alimentation, de jeux tolérés à l'intérieur, de consignes pour l'écoute de la télévision ou de l'utilisation de l'ordinateur.

Votre enfant veut **inviter un ami à coucher ou aller à coucher chez un ami?** C'est là une étape vers l'indépendance et une occasion de renforcer l'amitié. Quand un ami vient coucher à la maison pour la première fois, il est utile de s'informer de ses allergies alimentaires, de ses habitudes à l'heure du coucher (verre de lait chaud, lecture, doudou…), de ses craintes possibles. Savoir si l'enfant est habitué d'avoir une veilleuse dans sa chambre pourrait vous éviter une mauvaise nuit. S'il semble inquiet au moment de se coucher, il pourrait appeler ses parents pour leur souhaiter bonne nuit et être rassuré en entendant leur voix.

Ces suggestions sont tout aussi valables pour votre enfant lorsqu'il va coucher chez un ami. La première fois, ne soyez pas étonné qu'il soit à la fois excité et quelque peu inquiet. C'est une histoire de « grand » qui commence pour lui.

Toute **activité faite dans la communauté** (visite à la bibliothèque, baignade à la piscine municipale, joute de hockey à la patinoire, participation à un camp de vacances…) répond à son besoin de découvrir le monde extérieur. Son intérêt pour la société dans laquelle il vit sera également comblé par des visites au poste de police, à la caserne des pompiers, à un poste de télévision.

Limiter le temps passé devant les écrans est un moyen non négligeable pour que votre enfant ait du temps à consacrer à ses amis. Nous y reviendrons au chapitre suivant.

Xavier

Xavier, 8 ans, aime beaucoup jouer à des jeux de société. Avec son grand ami Nathan, il aime jouer aux batailles navales : il ne gagne pas toujours, mais ça lui arrive souvent. Avec sa sœur, il joue aux cartes et surtout à *Pige dans le lac* : il faut réussir à faire des suites de cartes. Parfois le samedi, toute la famille joue au Monopoly junior® : Xavier adore ça.

Notes

1. DOYON, N. (2013). *Les crises de colère chez les enfants.*
   www.mamanpourlavie.com/bebe/13-36-mois/comportement-et-discipline/6215-les-crises-de-colere-chez-les-enfants.thtml [consulté le 14 août 2014].

2. BEE, H., D. BOYD, (2008). *Les âges de la vie.* 3ᵉ édition. Montréal: Éditions du Renouveau pédagogique.

3. MURCIER, N. (2005). La construction sociale de l'identité sexuée chez l'enfant.
   www.cemea.asso.fr/aquoijouestu/fr/pdf/textesref/ConstrucSocSexuee.pdf
   [Consulté le 20 août 2014].

4. DUCLOS, G. (2010). *L'estime de soi, un passeport pour la vie,* 3ᵉ édition. Montréal: Éditions du CHU Sainte-Justine.

5. FONDATION DE PSYCHOLOGIE DU CANADA. *L'estime de soi - Le soutien émotionnel aux enfants d'âge scolaire.*
   www.psychologyfoundation.org/pdf/publications/focusOnSelfEsteem_fre.pdf [Consulté le 11 juillet 2014].

6. *Ibid.*

7. CONSEIL CANADIEN DE LA SÉCURITÉ. *La préparation et la communication, la clé pour la sécurité pour les enfants seuls à la maison.*
   https://canadasafetycouncil.org/fr/la-securite-enfantile/la-preparation-et-la-communication-la-cle-de-la-securite-pour-les-enfants [Consulté le 20 août 2014].

8. CROIX ROUGE CANADIENNE. *Gardiens avertis.*
   www.croixrouge.ca/que-faisons-nous/secourisme-et-rcr/secourisme-a-la-maison-/cours-de-secourisme/gardiens-avertis [Consulté le 20 août 2014].

9. CONSEIL CANADIEN DE LA SÉCURITÉ, *Op. Cit.* [Consulté le 20 août 2014].

10. FONDATION DE PSYCHOLOGIE DU CANADA. *Nos enfants et le stress.*
    http://psychologyfoundation.org/index.php/francais/programs/kids-have-stress-too/ [Consulté le 11 juin 2014].

11. LUPIEN. S. (2006). «Le stress chez les enfants et les parents: parle-t-on de la même chose?» *Mammouth Magazine,* 1, 17, 6-8.
    www.stresshumain.ca/documents/pdf/Mammouth%20Magazine/Mammouth_vol1_FR.pdf

12. ASSOCIATION CANADIENNE POUR LA SANTÉ MENTALE (2003). *Le stress chez les enfants.*
    www.acsm-ca.qc.ca/assets/stress-chez-enfants.pdf [Consulté le 20 mai 2014].

13. FERLAND, F. (2012). *Viens jouer dehors — Pour le plaisir et la santé.* Montréal: Éditions du CHU Sainte-Justine.

14. SANTÉ ET SERVICES SOCIAUX QUÉBEC (2009). *Le stress chez l'enfant de 6 à 12 ans.*
    http://publications.msss.gouv.qc.ca/acrobat/f/documentation/2009/09-235-12F_03.pdf
    [Consulté le 20 avril 2014].

15. KERVIEL, S. «Les petits mensonges qui aident à grandir». *Le Monde,* 5 novembre 2012.
    www.lemonde.fr/vous/article/2012/11/05/les-petits-mensonges-qui-aident-a-grandir_1785292_3238.html [Consulté le 15 juillet 2014].

16. Pour une réflexion plus approfondie sur la discipline, voir RACINE B. *La discipline, un jeu d'enfant* (2007) et *L'autorité au quotidien, un défi pour les parents* (2013), aux Éditions du CHU Sainte-Justine.

17. MAZIADE, M. (2010). *Guide pour parents inquiets – Aimer sans se culpabiliser.* Montréal : Éditions du CHU Sainte-Justine, p.45.

18. BRAZELTON, T.B. (2001). *Ce dont tout enfant a besoin.* Paris : Marabout, p. 226.

19. RACINE, B. (2013). *L'autorité au quotidien, un défi pour les parents.* Éditions du CHU Sainte-Justine, p. 22.

20. CALIN, D. *Quelques repères en psychologie de l'enfant et du préadolescent,* septembre 2006.
http://dcalin.fr/cerpe/cerpe09.html[Consulté le 22 avril 2014].

21. EUREKA SANTÉ. *Choisir un sport pour son enfant.*
www.eurekasante.fr/sport/enfants-sport/choix-sport-enfants.html, mise à jour septembre 2010 [Consulté le 16 mai 2014].

22. BENNETT, H. et T. PITMAN (2013). *Les enfants de 9 à 12 ans.* Laval : Guy Saint-Jean Éditeur.

23. RYAN, A., E. SANTO, J. BRUCE et W. BUKOWSKI (2011). « The presence of a best friend buffers the effects of negative experiences ». *Developmental Psychology,* 47, 6, 1786-1791.

CHAPITRE 6

L'école

Dès que ses professeurs commencèrent à le traiter en bon élève, il le devint véritablement : pour que les gens méritent notre confiance, il faut commencer par la leur donner.

Marcel Pagnol

Les maîtres d'école sont des jardiniers en intelligences humaines.

Victor Hugo

Les enfants deviendront probablement ce que vous pensez d'eux.

Lady Bird Johnson

Le but de l'éducation, c'est de faire d'un esprit vide un esprit ouvert.

Malcom S. Forbes

Saviez-vous que...

Au début du primaire, les enfants passent environ 6 heures par jour en classe, et ce, pendant presque 10 mois. Lorsque l'enfant aura terminé l'école secondaire, il aura passé 10 000 heures en classe[1].

Une étape importante : l'entrée à l'école

L'entrée à l'école primaire est un moment de transition susceptible d'apporter son lot d'appréhension et de questionnements : « Vais-je me faire des amis ? » ; « Mon enseignant sera-t-il gentil ? » ; « Et si je ne comprends pas ce qu'on m'explique ? ». Non seulement l'enfant se dirige-t-il vers l'inconnu, mais il se retrouve dans le monde des « grands » où il commencera à être évalué pour son travail. Contrairement à la maternelle, l'école primaire vise principalement l'apprentissage de notions et de matières précises.

Dans ce contexte, il faut éviter de transmettre à votre enfant votre propre anxiété, car votre état d'esprit influence le sien. Abordez plutôt cette étape de façon positive et faites entrevoir à l'enfant les bons moments qu'il vivra à l'école, tout en étant à l'écoute de ses inquiétudes.

Par la suite, le début de chaque année subséquente apportera à l'enfant une certaine excitation. Mieux vaut éviter d'adopter une approche négative en lui mentionnant qu'on espère qu'il fera ses devoirs plus facilement que l'année précédente et qu'il écoutera mieux en classe. Pourquoi ne pas plutôt mettre l'accent sur le fait qu'une nouvelle année commence et qu'on a l'impression que ce sera une très bonne année ?

Une attitude positive tout au long de la journée

Au réveil, plutôt que de bousculer l'enfant en lui disant « Dépêche-toi, tu vas être en retard à l'école », pourquoi ne pas démarrer la journée sur une note positive en lui disant « Bonjour, regarde le beau soleil. Ça va être une superbe journée ». Au retour de l'école, mentionnez votre plaisir de revoir l'enfant plutôt que de passer à un interrogatoire en règle sur sa journée.

Des routines ? Pourquoi ?

En établissant des routines, l'enfant sait ce qu'il a à faire et dans quel ordre il doit le faire. Comme elles sont prévisibles, les routines sont rassurantes pour lui : elles lui apportent un sentiment de stabilité et de sécurité. De plus, elles peuvent contrer le stress lié à l'école en diminuant son anxiété. Par ailleurs, l'établissement de routines simplifie la vie de famille : elles évitent la répétition des consignes, les guerres de pouvoir, l'impatience et les situations tendues.

Les routines n'ont pas pour but de contrôler toutes les activités de l'enfant, mais plutôt de lui apprendre à gérer son temps de manière à ce qu'il puisse faire tout ce qu'il doit faire de même que tout ce qu'il aime faire, ce qui inclut des périodes libres à utiliser à sa convenance, pour aller dehors, jouer ou voir ses amis.

Les routines du matin, du retour de l'école et du coucher sont particulièrement importantes. L'enfant qui a du mal à les intégrer pourra bénéficier d'un tableau qui indique l'ordre de chaque activité. D'autre part, celui qui lambine le matin pourrait recourir à une minuterie qui l'aide à mieux gérer son temps : certains modèles, tels que celui illustré ici[2], ont été conçus spécialement pour les enfants : les chiffres surdimensionnés sont faciles à voir et le disque de couleur indique le temps qui reste[2]. Il permet de commencer la journée sur une note plus joyeuse et détendue, plutôt que de sans cesse répéter à l'enfant qu'il est en retard et qu'il doit se dépêcher.

Avec l'aide de papa ou de maman, l'enfant plus âgé peut apprendre à utiliser un réveille-matin, un geste qui le rend responsable de l'heure de son lever.

Par ailleurs, l'enfant qui est lent le matin a-t-il assez dormi? Rappelons que les enfants de 6 à 12 ans ont besoin de 10 à 11 heures de sommeil[3]. Peut-être faudrait-il revoir l'heure du coucher?

La routine du retour à la maison comprend une collation, les devoirs et les leçons, le repas, le bain, une période de jeu et le rituel du dodo. Cette chronologie peut varier selon l'heure du retour.

La routine de fin de semaine devrait être plus souple : l'ajout de nombreuses activités parascolaires qui surchargent l'horaire de l'enfant et le vôtre est à éviter : la fin de semaine est aussi faite pour relaxer! Subsistent tout de même quelques règles de base qui encadrent l'enfant, permettent l'exécution des activités attendues (rangement de la chambre, devoirs) et l'empêchent de passer toute la fin de semaine devant la télévision ou son jeu vidéo. Pourquoi ne pas planifier une sortie ou une activité en famille? Cela renforce les liens affectifs familiaux et offre à l'enfant du temps de qualité.

Saviez-vous que...

Une fois rempli, le sac à dos que transporte votre enfant à l'école ne devrait pas dépasser 15 %[4] de son poids : par exemple, le sac à dos d'un enfant de 20 kg ne devrait pas peser plus de 3 kg. De plus, pour éviter le déséquilibre du corps, l'enfant doit prendre la bonne habitude d'enfiler les deux sangles du sac et non le porter sur une seule épaule

Relation enseignant-élève

Selon Isabelle Sirois, superviseure de stage en enseignement du primaire : « Il suffit de faire sentir aux enfants qu'on est heureux d'être avec eux par un sourire, une tape sur l'épaule, un regard approbateur. Le professeur doit être conscient de l'impact qu'il a sur les élèves. Il est un modèle et il doit rendre l'apprentissage agréable[5]. »

Il est vrai que la qualité de cette relation[6] a un effet considérable sur la réussite scolaire de l'enfant. Une relation positive avec les enseignantes au cours des premières années du primaire est associée à de multiples indicateurs de réussite éducative à long terme[7]. Un lien étroit et personnalisé avec l'enseignante, une communication fréquente et empreinte de soutien plutôt que de critiques permettraient à l'enfant de développer une relation de confiance, de démontrer plus d'engagement dans ses apprentissages, d'adopter des comportements positifs en classe et, conséquemment, d'obtenir de meilleurs résultats scolaires[8].

La qualité de la relation enseignante-élève ne repose pas que sur les habiletés relationnelles de l'enseignante, mais s'appuie aussi sur l'interaction entre ces habiletés et les caractéristiques de l'élève[9]. La recherche a démontré que certaines caractéristiques des enfants ont une influence positive sur la qualité de la relation enseignante-élève, par exemple, de bonnes compétences sociales et scolaires. À l'opposé, des problèmes de comportement chez l'enfant tels que l'hyperactivité, l'inattention et des problèmes émotifs seraient associés à une relation enseignante-élève moins positive[10].

Un rapport publié en 2012 par l'Institut de la statistique du Québec[11] nous apprend qu'environ 9 enfants sur 10 disent aimer leurs enseignantes au premier cycle du primaire ; cette proportion diminue à trois sur quatre vers la quatrième année.

Par ailleurs, les filles entretiendraient de meilleures relations que les garçons avec leurs enseignantes. Cela peut s'expliquer par le fait que les filles, lors de leur entrée à l'école, sont plus attentives que les garçons qui, eux, ont tendance à présenter plus de comportements perturbateurs et moins de maturité développementale. Ce comportement des filles pourrait faciliter le développement d'une relation affective positive avec l'enseignante.

Les chercheurs posent également l'hypothèse suivante : le fait que la grande majorité des enseignants du préscolaire et du premier cycle du primaire soient de sexe féminin pourrait-il expliquer cette situation ? Comparativement aux enseignants, les enseignantes se sentent peut-être plus proches des filles que des garçons et, en conséquence, interviennent plus aisément auprès d'elles.

Par ailleurs, l'organisation actuelle des journées scolaires fait en sorte que les élèves doivent se contrôler en tout temps, être sages, bien écouter et maintenir une concentration optimale. On pourrait en déduire que l'école d'aujourd'hui est davantage conçue pour les filles que pour les garçons qui, eux, ont plus besoin de bouger, d'être actifs. De fait, la majorité des filles s'y adaptent bien et y réussissent alors que chez les garçons, on observe davantage de difficultés : troubles de comportement, hyperactivité, troubles de déficit de l'attention.

Suggestion

Un enfant — le plus souvent un garçon — qui dérange la classe manifeste peut-être ainsi le besoin de dépenser son énergie débordante. Alors, plutôt que de le mettre au coin, ce qui exige de lui d'encore se contrôler, peut-être serait-il plus avisé de l'inviter à bouger : « Je pense que tu as besoin de faire quelques pompes ; allez, viens en faire 5 », ou encore « Fais 25 pas de course sur place ». Il y a fort à parier qu'après cette dépense énergétique, l'enfant aura plus de facilité à se concentrer.

L'école et les parents

Les devoirs, cauchemar de bien des parents[12]

La responsabilité première des devoirs et des leçons appartient à l'enfant. Il doit progressivement apprendre par lui-même, développer son autonomie et acquérir de bonnes habitudes de travail. Bien sûr, en tant que parents, vous avez un rôle à jouer, un rôle d'encouragement et de soutien. Le ministère de l'Éducation, du Loisir et du Sport du Québec a publié en 2011 un document à votre intention présentant différentes façons d'accompagner votre enfant dans ses devoirs et leçons[13]. En voici quelques-unes :

- Trouver avec votre enfant un endroit où il pourra travailler dans de bonnes conditions, sans être dérangé ;
- S'assurer que la télévision est fermée et que l'ordinateur n'est pas branché sur les réseaux sociaux ;
- S'assurer qu'il utilise son agenda efficacement ;
- S'assurer qu'il a accès au matériel nécessaire : calculatrice, dictionnaire, grammaire, livres, Internet ;
- Ne pas lui souffler la réponse dès qu'une difficulté survient, mais plutôt lui donner des pistes pour qu'il la trouve par lui-même ;

- Ne pas aller au-delà de ce qui est prévu en classe;
- Lui suggérer d'utiliser des crayons de différentes couleurs pour regrouper ou faire ressortir certaines informations;
- Souligner ses réussites et l'amener à se sentir fier de lui en lui faisant remarquer ses progrès et ses forces (sens de l'effort, qualité du travail, persévérance);
- S'il éprouve une difficulté, éviter de le blâmer et de dramatiser, mais plutôt l'aider à revoir sa façon de travailler;
- Faire suivre le moment des devoirs et leçons par une activité agréable.

Vous pouvez également lui donner quelques trucs mnémotechniques pour favoriser certains apprentissages précis.

- Lui mentionner que « les scies n'aiment pas les raies » pour l'aider à se rappeler qu'il faut dire ou écrire « si j'avais » et non « si j'aurais »;
- Pour mémoriser les 26 lettres de l'alphabet dans l'ordre, lui apprendre l'*Alphabet* de Mozart (il en existe plusieurs versions qu'on trouve facilement sur Internet);
- Pour mémoriser les sept conjonctions de coordination en français, lui apprendre cette phrase qui les contient toutes : « Mais où est donc Ornicar ? »;
- Pour mémoriser les mots en « ou » qui prennent un « x » au pluriel, lui répéter la comptine : Viens, mon chou, mon bijou, mon joujou, monte sur mes genoux et prends un caillou pour tuer les poux du vilain hibou !;
- Lui donner certains trucs pour l'aider à se rappeler que tel mot contient deux consonnes qui se suivent et tel autre, une seule : l'hirondelle (et aussi la coccinelle) vole avec deux ailes (deux « l »); on ne peut mourir qu'une fois (un seul « r »), mais on doit se nourrir plusieurs fois (deux « r »).

▶ Pour se souvenir des capitales de certaines provinces canadiennes : pour celle du Québec, répéter : Québec ? Québec. Pour celle du Manitoba, tourner le M à l'envers pour en faire un W. Manitoba ? Winnipeg.

Peut-être avez-vous d'autres trucs à partager avec votre enfant qui rendront son apprentissage amusant ? Parions qu'il s'en souviendra davantage que s'il tente de tout apprendre par cœur.

On estime que les devoirs et leçons ne devraient généralement pas dépasser 30 minutes par jour au début du primaire et 60 minutes à la fin du primaire[14].

Saviez-vous que...

Les devoirs sont remis en question dans certaines écoles. Ainsi, en septembre 2014, dans le cadre d'un projet-pilote, une école du Saguenay-Lac-Saint-Jean au Québec[15] a banni les devoirs pour une année : d'une part, les élèves sont souvent au service de garde dès 7 heures le matin et y retournent après l'école jusqu'à 17 heures, ce qui fait que la période des devoirs s'avère de plus en plus difficile ; d'autre part, l'impact des devoirs sur le rendement scolaire au primaire n'a toujours pas été démontré. Une expérience semblable menée en 2008 dans une école de Barrie, en Ontario, a révélé que les notes des élèves qui n'avaient pas de devoirs avaient augmenté. En 2010, le Conseil supérieur de l'Éducation du Québec a produit un document invitant à la réflexion sur les devoirs à l'école primaire[16]. Un dossier à suivre...

Pour accompagner l'enfant dans son apprentissage scolaire, il faut adopter une attitude constructive. Une telle attitude doit déborder le seul domaine des devoirs et leçons et cibler les apprentissages scolaires en général.

L'utilité des apprentissages scolaires dans la vie quotidienne

Certains enfants prennent l'école en grippe, car ils doivent apprendre toutes sortes de notions sans en voir l'utilité. Pour que l'école prenne tout son sens aux yeux de l'enfant, il est important de lui montrer la pertinence de ses apprentissages dans sa vie actuelle et future en l'amenant à faire des liens entre ce qu'il apprend et la vie de tous les jours, en d'autres mots, en l'aidant à voir en quoi l'école est importante.

L'école, c'est utile!

« Je suis contente que tu saches lire ; tu pourras m'indiquer la rue Laval quand tu la verras sur le panneau. On doit tourner à gauche sur cette rue. » « Ta petite sœur aime beaucoup entendre les histoires que tu lui lis ; elle a hâte de pouvoir lire comme toi. » ; « Veux-tu ajouter un mot dans la carte d'anniversaire de grand-maman ? » ; « Pour faire cette recette, tu es chargé de mesurer les ingrédients ; il faut une demi-tasse de lait et trois cuillères à table de sucre. » ; « Veux-tu aller payer la collation à la caisse ? La facture s'élève à 4,50 $. Si je te donne 5 $, combien d'argent te remettra-t-on ? » ; « Tante Marie va en France cet été. Peux-tu me montrer où cela se trouve sur le globe terrestre ? » ; « Toi qui aimes tant le macaroni, pourrais-tu dire à quel groupe alimentaire il appartient ? Oui, les produits céréaliers. Tu l'as appris dans ton cours de science et technologie, non ? »

La Fédération des comités de parents du Québec a préparé trois guides afin d'aider les parents à mieux comprendre les apprentissages réalisés par l'enfant à l'école et leur permettre ainsi de mieux l'accompagner dans son parcours scolaire[17]. Ces guides abordent chacun des trois cycles du primaire ; outre la description des matières scolaires, ils proposent de nombreux trucs et activités pour en soutenir l'apprentissage à la maison.

Relations parents-enseignant

Il est souhaitable que l'enfant sente que ses parents et son enseignant vont dans le même sens et partagent le même point de vue sur l'apprentissage. Les parents qui critiquent l'enseignant devant l'enfant sapent son autorité.

Des rencontres régulières parents-enseignant favorisent une meilleure collaboration entre eux. Elles permettent d'en savoir plus sur le fonctionnement de l'enfant à l'école et à la maison, d'identifier ses forces et ses difficultés particulières et de s'entendre sur les meilleures façons de l'aider.

Par ailleurs, les parents qui s'engagent dans la vie scolaire démontrent à l'enfant l'importance qu'ils y accordent. Cet engagement peut prendre différentes formes : participation à un événement scolaire, accompagnement bénévole lors d'une sortie de classe, organisation d'une campagne de financement ou présence au comité de parents.

Le stress de performance

Un problème qui guette l'enfant à l'école est le stress de performance. Toutes les demandes et les attentes liées à la performance scolaire et sociale ainsi qu'aux activités parascolaires peuvent parfois être lourdes à porter pour l'enfant. Le jeune a alors peur d'être jugé, d'échouer, de décevoir ses parents. Il a peur de ne plus être aimé s'il n'est pas parfait. Il a du mal à accepter l'échec, souhaitant réussir tout ce qu'il entreprend.

Les causes du stress de performance peuvent être multiples. L'enfant peut se sentir investi d'une mission, soit celle de réaliser le rêve de ses parents. Ce stress peut aussi résulter de l'importance démesurée qu'accordent les parents aux résultats académiques ou encore de leur surestimation des capacités, ou des talents de l'enfant[18].

Ne jamais manifester sa satisfaction devant les résultats de l'enfant, demander toujours plus ou l'encourager à pratiquer un sport qu'il n'aime pas sont autant de gestes qui participent à son mal-être.

L'enfant peut manifester ce stress de différentes manières. Avant un examen ou une compétition sportive, par exemple, il peut présenter différents symptômes comme des troubles du sommeil, des maux de ventre, voire des vomissements, des tremblements, des crises de panique ou d'angoisse. Il peut être irritable, fébrile, pessimiste.

Le **stress de performance engendre un cercle vicieux** : plus l'enfant est stressé, moins il réussit et moins il réussit, plus il est stressé ! En conséquence, l'enfant peut avoir une faible estime de lui-même ou ressentir un sentiment d'incompétence et du découragement.

Voici quelques pistes pour l'aider[19] :

- Lui faire comprendre que vous l'aimez, quels que soient ses résultats scolaires. Votre amour est inconditionnel !
- Lui accorder le droit à l'erreur. Tout le monde y a droit, même vous ;
- Lui faire comprendre que le processus d'apprentissage est tout aussi important (sinon plus) que les résultats ;
- L'encourager dans tout ce qu'il fait ;
- L'inciter à se découvrir des passions et des intérêts. Lui montrer qu'on réussit toujours mieux lorsqu'on fait les choses par plaisir ;
- L'aider à résoudre les petits problèmes au jour le jour.

Et si votre enfant vous avait pris comme modèle ? Si vous êtes perfectionniste et très exigeant envers vous-même, peut-être votre enfant reproduit-il simplement le comportement qu'il voit à la maison. Vous pourriez tenter de réapprendre ensemble à faire les choses de façon plus détendue et miser davantage sur le plaisir.

La violence à l'école (intimidation et taxage)

L'intimidation (ou harcèlement) et le taxage ne sont pas le lot exclusif de l'école secondaire : ils sont déjà présents au niveau primaire. Les comportements d'intimidation culminent au cours des deux dernières années du primaire et de la première du secondaire. Quant au taxage, il sévit surtout au niveau secondaire, mais la peur qu'il inspire se manifeste avec plus d'acuité au niveau primaire[20].

Frédérique Saint-Pierre, psychologue au CHU Sainte-Justine, définit ainsi l'intimidation : « On parle d'intimidation quand une ou plusieurs personnes éprouvent du plaisir à utiliser leur pouvoir pour maltraiter de façon répétitive et constante une ou plusieurs autres personnes[21] ». Il est important de distinguer une simple querelle entre enfants de l'intimidation : cette dernière est caractérisée par le caractère répétitif et constant des gestes posés. Les enfants qui usent d'intimidation le font généralement avec l'intention de blesser l'autre enfant physiquement ou sur le plan émotif. L'intimidation peut être verbale (surnoms, moqueries, insultes, menaces), physique (gestes agressifs), relationnelle ou sociale (rejet, exclusion...), virtuelle (cyberintimidation : textos, réseaux sociaux...)[22].

Au cœur de la notion d'intimidation se trouve un déséquilibre dans le rapport de force des individus. Les enfants qui font de l'intimidation sont surtout des garçons et les victimes sont aussi plus nombreuses du côté des garçons.

Le taxage est une forme d'intimidation qui s'accompagne d'une tentative d'extorsion d'argent ou d'objets, par le biais de menaces, de coups ou de violence. En vertu du Code criminel du Québec, le taxage est considéré comme un vol qualifié avec menace d'extorsion ou d'intimidation[23]. Ici encore, on trouve au moins deux fois plus d'auteurs de taxage chez les garçons que chez les filles[24]. Une enquête réalisée par le ministère de la Sécurité publique du Québec auprès de 16 660 jeunes d'écoles primaires et secondaires révèle que 13,3 % des filles du niveau primaire ont déclaré avoir déjà été victimes de taxage alors que le pourcentage s'élève à 18,2 % chez les garçons. Par ailleurs, cette même enquête indique que 3,5 % des filles et 6,3 % des garçons du primaire ont déjà tenté de faire ou ont fait du taxage[25].

La façon d'intimider diffère selon le sexe de l'enfant. Les garçons adoptent une approche plus physique et posent des gestes agressifs alors que les filles cherchent à s'imposer de façon indirecte, en utilisant le plus souvent la parole, en excluant la victime du groupe, en l'insultant ou en faisant circuler des rumeurs malveillantes à son endroit[26].

Victime, témoins et intimidateur

Les **victimes** sont choisies par leurs agresseurs pour diverses raisons : objets et vêtements dispendieux, différences physiques (minceur, obésité, acné...), défauts de langage (bégaiement et difficultés de prononciation), personnalité introvertie et solitaire[27]... Les victimes sont généralement plus soumises, plus timides que les autres enfants.

Une victime d'intimidation ou de taxage peut se sentir humiliée et déprimée. Elle peut vivre de l'anxiété, avoir peur dans certaines situations, avoir de la difficulté à se concentrer sur son travail scolaire, éviter certains lieux et souhaiter s'absenter de l'école. L'intimidation peut causer des dommages psychologiques pouvant mener au décrochage scolaire, à la dépression et, dans certains cas, au suicide.

Les **témoins**, pour leur part, se sentent coupables de ne pas intervenir par peur d'être eux-mêmes victimes d'intimidation. Ils évitent d'être amis avec la jeune victime[28]. Ils ne se rendent pas compte qu'ils sont bien placés pour protéger leur camarade en se portant, à plusieurs, à sa défense.

Quant à **l'intimidateur**, il présente généralement des caractéristiques physiques, psychologiques ou sociales qu'il utilise pour contrôler et dominer la victime[29]. Il peut être plus fort physiquement, user de la moquerie et de l'injure avec aisance, jouir (à tort) du respect d'autres élèves. En général, il croit que la violence est un bon moyen de s'affirmer devant les autres et il sent le besoin de les écraser pour rehausser son estime de soi. Agressif envers autrui, il se met facilement en colère. Il n'aime pas se plier aux règles et défie l'autorité des adultes.

Que faire?

L'école

Il faut savoir que le Québec a adopté en 2012 la loi n° 56[30] visant à prévenir et à combattre l'intimidation et la violence à l'école. Les commissions scolaires ont dorénavant une obligation légale de veiller à ce que leurs écoles offrent un environnement qui permette aux élèves de développer leur plein potentiel, à l'abri de toute forme d'intimidation ou de violence. Les établissements d'enseignement, tant publics que privés, doivent quant à eux adopter un plan de lutte contre l'intimidation et la violence et désigner une personne chargée de sa mise en œuvre.

Les parents

Il est important de prévenir l'émergence du problème en établissant un dialogue ouvert avec votre enfant, en parlant avec lui du climat de l'école et en vous tenant au courant de ce qui s'y passe. Cette ambiance propice aux échanges l'incitera à se confier à vous s'il subit de l'intimidation. D'ailleurs, au niveau primaire, les élèves ont plus tendance à parler de l'intimidation dont ils sont victimes à leurs parents, alors qu'ils sont moins de la moitié à se confier à un adulte de l'école à ce sujet[31]. Cela confirme, si besoin est, l'importance de maintenir le dialogue avec votre enfant.

Dès que vous apprenez que votre enfant est victime d'intimidation, communiquez avec l'école. Si l'école fait la sourde oreille, persévérez, insistez. Claire Beaumont, responsable de la Chaire de recherche sur la sécurité et la violence en milieu éducatif à l'Université Laval[32], recommande de ne pas essayer de régler le problème vous-mêmes : vous risquez d'en créer d'autres.

Vous pouvez toutefois suggérer à votre enfant différentes façons de réagir à l'intimidation. Dans son ouvrage, Frédérique Saint-Pierre en propose quelques-unes, qui sont énumérées ci-dessous[33].

Votre enfant pourrait :

- exprimer clairement à l'agresseur que son comportement est inacceptable, en rétorquant de manière affirmée, mais non violente, sans exprimer de menaces ou d'insultes, ou sans vouloir engager une bagarre ;
- éviter d'avoir un comportement traduisant de la peur, de la passivité ou de la soumission ;
- adopter plutôt une attitude traduisant un sentiment de confiance en soi, relever la tête et les épaules et ne pas éviter le contact visuel ;
- faire mine d'ignorer l'intimidateur, tenter de ne pas démontrer qu'on est affecté par son comportement ;
- ne pas s'isoler ; rester en présence des autres, préférablement des amis ou des connaissances.

L'enfant

L'enfant victime d'intimidation doit agir. Il peut appliquer certaines des stratégies proposées plus haut, mais il doit informer un adulte de la situation s'il sent qu'il ne peut pas intervenir lui-même.

Le site Tel-jeunes[34] contient beaucoup d'information concernant l'intimidation. Votre enfant pourra y trouver de nombreuses réponses à ses questions.

Vers l'école secondaire

Le passage du primaire au secondaire représente une transition importante pour votre enfant : il passe du groupe des plus âgés de son ancienne école à celui des plus jeunes dans sa nouvelle école. Plusieurs défis l'attendent : il doit s'adapter à un environnement physique non seulement nouveau, mais aussi beaucoup plus vaste, composer avec plusieurs professeurs, avec plusieurs groupes-classe et de nombreux déplacements entre les cours. Le jeune peut avoir le sentiment que cette nouvelle situation est très complexe et considérer qu'il n'a aucun contrôle sur cette dernière. Nouveauté, complexité, absence de contrôle : les trois facteurs susceptibles de rendre une situation stressante sont ici réunis. Alors ne soyez pas surpris que votre enfant soit quelque peu anxieux au moment de la rentrée...

Participer aux portes ouvertes de sa future école secondaire est une très bonne idée. Cette visite permettra à l'enfant de se faire une idée des lieux et facilitera sa première semaine d'école. Il pourra voir les activités offertes et les installations, rencontrer des membres du personnel et poser des questions à certains élèves de l'école.

Il se peut que votre enfant craigne qu'à l'école secondaire, il y ait de la drogue, de l'intimidation, des façons d'agir qu'il ne connaît pas. Aidez-le à verbaliser ses craintes, cela vous permettra de comprendre ce qui alimente ses peurs. Si c'est possible, une rencontre avec un élève plus âgé qui fréquente cette école, un jeune voisin, par exemple, pourrait le rassurer.

Même si votre enfant, devenu adolescent, tend à s'éloigner de vous, il a besoin de sentir qu'il peut encore compter sur vous. Un petit mot d'encouragement fait toujours du bien, peu importe l'âge ! Alors, n'hésitez pas à l'encourager, à le rassurer sur ses choix, à le féliciter.

Une « histoire pour grandir » une métaphore sur le thème du passage du primaire au secondaire[35]

Cette histoire métaphorique a été écrite par Isabelle Fournier, formatrice professionnelle en PNL (programmation neurolinguistique)[36], à la suite d'une série d'entretiens avec des élèves de sixième année de l'école Sainte-Gertrude, à Montréal-Nord. Son objectif est de démystifier les craintes de l'enfant relatives au nouvel environnement scolaire en mettant l'accent sur certaines de ses ressources comme la confiance, la patience, l'affirmation de soi et le plaisir. Elle vise à amener l'enfant à se dire : « J'ai tout ce dont j'ai besoin à l'intérieur de moi pour faire face à ce qui m'arrive ». En lisant ce texte, votre enfant pourrait être plus serein pour aborder le secondaire.

Une importante promotion

Il était une fois, dans un pays lointain, un petit prince nommé Charlie, qui vivait paisiblement et en harmonie avec son entourage. Depuis déjà quelques années, sa mère, la reine, et son père, le roi, avaient pris l'habitude de l'accompagner chaque matin à la grande salle du royaume.

C'est lors de ces journées remplies de jeux, de rires et de plaisir que Charlie avait appris ce qu'on attendait de lui, en tant que petit prince. Il connaissait maintenant les autres petits princes qui venaient s'amuser avec lui, de même que les fous du roi qui organisaient les activités de la journée. Les fous du roi étaient également présents, en l'absence des parents, pour consoler Charlie et les autres petits princes tout en leur apportant du soutien.

Je dois vous dire que Charlie est un petit prince très spécial, d'apparence très calme et douce. On pourrait croire qu'il est vulnérable, alors qu'au contraire il est extrêmement courageux et possède à l'intérieur de lui un petit coffre aux trésors, très précieux, où toutes ses forces sont bien gardées ! Vous comprendrez bientôt pourquoi...

Par un chaud matin ensoleillé, Charlie se rend à la salle du royaume accompagné de ses parents et des fous du roi. Il s'agit d'une journée très spéciale où une grande nouvelle sera annoncée! De quoi peut-il bien s'agir, se demande Charlie? C'est alors que le roi, son père, prend la parole devant la reine, les fous du roi, les autres petits princes et tous les sujets. Il dit: «Mon fils, Charlie, tu es un petit prince exceptionnel! Tu as maintenant l'âge de recevoir une importante promotion: le titre de roi! Tout le monde sait que le royaume voisin aura bientôt besoin d'un roi pour régner. C'est toi que je nomme, toi que je désigne, mon fils Charlie! Toutefois, il te faudra déjà apprendre à devenir roi. Ainsi, à partir de maintenant, tu ne fréquenteras plus la salle du royaume. Chaque matin, tu monteras plutôt sur le bateau à voiles qui te mènera sur l'île où le château des apprentis rois se situe!

Charlie est très flatté et heureux de sa promotion, mais en même temps des questions se bousculent dans sa tête. Le bateau à voiles... Puis-je prendre seul ce bateau inconnu? Qui s'y trouvera? J'étais, à la salle du royaume, un petit prince des plus expérimentés et voilà que je serai l'un des plus jeunes rois. Comment les autres vont-ils m'accueillir? Est-ce que les fous du roi seront aussi gentils et compréhensifs? Y aura-t-il des lutins, dont on suggère de se tenir loin? Des lutins qui offrent une potion magique qui peut s'avérer un poison?

Tout en se posant ces questions, Charlie entend des applaudissements résonner dans la salle. Malgré sa joie, une grosse boule épaisse se forme dans son ventre et provoque une douleur jusque dans sa gorge. Il se sent très mal. Charlie sait que toute la journée est réservée à la célébration de sa belle promotion. Il essaie donc de s'amuser, mais la boule prend beaucoup trop de place. Malheureusement, Charlie n'en parle à personne.

Cette nuit-là, vous l'aurez deviné, Charlie a beaucoup de difficulté à s'endormir. Il fait un rêve bien spécial dans lequel il aperçoit un arc-en-ciel splendide. Un petit ange avec de grandes ailes toutes blanches lui souffle doucement à l'oreille: «Charlie, cette boule inconfortable que tu ressens dans ton ventre possède une signification. Tu dois l'écouter! Cette boule te dit de trouver une personne en qui tu as confiance et à qui tu peux parler des questions qui te préoccupent. En parlant, tu pourras te faire rassurer et tu te sentiras beaucoup mieux!» Puis l'ange disparaît tout doucement...

Le lendemain matin, Charlie se souvient du message de l'ange. Il va voir son père, le roi, en se disant qu'il est probablement passé par là, à une autre époque! Père et fils discutent donc ouvertement et Charlie peut poser toutes ses questions. Le roi ne possède évidemment pas toutes les réponses, mais il rassure Charlie : «Tu as tout ce qu'il faut en toi pour faire face aux différentes situations que tu rencontreras.» Le roi parle aussi des gardiens de la paix auxquels Charlie pourra demander de l'aide au besoin.

Et le temps a passé, passé... À présent, il y a déjà quelques mois que Charlie prend le bateau à voiles avec confiance, matin et soir. Il utilise ce temps précieux pour lire ou écouter de la musique ou... pour autre chose.

Au début, le château des apprentis rois lui parut un peu comme un labyrinthe et il se sentait perdu. Mais, comme il restait calme, il s'y retrouvait rapidement. Il savait aussi qu'à tout moment il pouvait demander de l'aide aux gardiens de la paix.

Aujourd'hui, Charlie connaît le labyrinthe par cœur! Il a su apprivoiser, grâce à sa patience et à sa confiance en lui, tout ce qu'il y avait de nouveau. Il a donc encore plus d'assurance qu'avant! Il a compris l'importance de se laisser du temps pour s'habituer. À présent, Charlie a même autant de plaisir qu'il en avait à la grande salle du royaume, peut-être plus encore, puisqu'il est si fier de lui! Il a su reconnaître les multiples qualités des fous du roi. Et puis, à sa grande surprise, des apprentis rois comme lui ont apprécié sa maturité et l'ont accueilli parmi eux. Il a également compris qu'il pouvait dire NON et se faire respecter des lutins qui offrent de la potion magique!

Charlie est très content de lui et il a surtout très hâte de devenir le roi du royaume voisin afin d'exploiter davantage toutes les richesses contenues dans son coffre aux trésors!

Isabelle Fournier

Notes

1. MINISTÈRE DE L'ÉDUCATION DE LA SASKATCHEWAN. Perspectives sur le développement humain aux différentes étapes de la vie — Moyenne enfance. www.edonline.sk.ca/bbcswebdav/library/curricula/Francais/Ressources%20additionelles/psychologie_30_journal_no_5.pdf [Consulté le 28 avril 2014].

2. Time Timer Plus, dans le catalogue FDMT, www.fdmt.ca/catalogue/timetimerplus-p-1669.html [Consulté le 15 avril 2014].

3. *Sommeil et enfant : données scientifiques*, Hôpital Douglas (2010). www.douglas.qc.ca/info/sommeil-et-enfant-donnees-scientifiques [Consulté le 12 avril 2014].

4. L'Académie américaine de chirurgie orthopédique recommande de ne pas dépasser 20 % du poids de l'enfant, alors que l'Association internationale de chiropratique pédiatrique recommande de ne pas dépasser 10 % de ce poids. La moyenne de ces deux recommandations correspond au 15 % mentionné dans l'encadré.

5. Isabelle Sirois, superviseure de stage en enseignement du primaire à l'Université de Sherbrooke, citée par Sophie Allard dans : www.lapresse.ca/vivre/201009/02/01-4312046-a-la-recherche-du-prof-ideal.php [Consulté le 4 avril 2014].

6. En 2006-2007, l'enseignement au primaire était dispensé par 84 % de femmes et seulement 16 % d'hommes. Voilà pourquoi dans cette section, on retiendra le féminin pour parler de la relation à l'élève. www.lacsq.org/nc/dossiers/decrochage/nouvelle/news/les-hommes-fuiraient-lenseignement-car-cest-un-monde-de-femmes/ [Consulté le 20 septembre 2014].

7. PIANTA, R. C., M. W. STUHLMAN (2004). « Teacher-child relationships and children's success in the first years of school ». *School Psychology Review*, 33, 3, 444-458.

8. AMERICAN PSYCHOLOGICAL ASSOCIATION, Rimm-Kaufman, S. (2011). www.apa.org/education/k12/relationships.aspx [Consulté le 4 avril 2014].

9. SAMEROFF, A. J. (2010). « A unified theory of development: A dialectic integration of nature and nurture ». *Child Development*, 81, 1, 6-22.

10. BAKER, J. A. (2006). « Contributions of teacher-child relationships to positive school adjustment during elementary school ». *Journal of School Psychology*, 44, 3, 211-229.

11. Étude longitudinale du développement des enfants du Québec (ÉLDEQ 1998-2010) conduite par l'Institut de la statistique du Québec avec la collaboration de différents partenaires, 2012. www.jesuisjeserai.stat.gouv.qc.ca/pdf/publications/feuillet/ELDEQ_fasc6no2.pdf [Consulté le 4 avril 2014].

12. Deux ouvrages à consulter pour en savoir plus sur ce sujet : BÉLIVEAU, M.-C. (2014). *Au retour de l'école... La place des parents dans l'apprentissage scolaire*, 3ᵉ édition, Montréal : Éditions du CHU Sainte-Justine, et BÉLIVEAU, M.-C. (2009). *Les devoirs et les leçons*, Montréal : Éditions du CHU Sainte-Justine.

13. Ministère de l'Éducation, du Loisir et du Sport, gouvernement du Québec (2011). *Devoirs et leçons — J'accompagne mon enfant.*
www.fcpq.qc.ca/data/userfiles/files/Recherche_Developpement/outils_parents/Devoirs_et_lecons-Francais_v5-Finale.pdf [Consulté le 5 juin 2014].

14. *Ibid.*

15. Shingler, B. «Un nouveau projet-pilote supprime les devoirs au primaire». Le Devoir, 2 septembre 2014.
www.ledevoir.com/societe/education/417356/saguenay-lac-saint-jean-un-nouveau-projet-pilote-supprime-les-devoirs-au-primaire [Consulté le 5 septembre 2014].

16. Conseil supérieur de l'éducation (2010). *Pour soutenir une réflexion sur les devoirs à l'école primaire.*
www.cse.gouv.qc.ca/fichiers/documents/publications/Avis/50-0467.pdf
[Consulté le 5 septembre 2014].

17. Fédération des comités de parents du Québec (2011). *Guide des parents - Pour mieux suivre mon enfant à l'école.*
www.fcpq.qc.ca/fr/parent-soutenir-reussite-scolaire-primaire-prescolaire-maternelle.html
[Consulté le 14 juin 2014].

18. Duclos, G. *Attention, enfants sous tension.*
www.fqocf.org/wp-content/uploads/2013/11/A_Attention-enfant-sous-tension_Parents2.pdf
[Consulté le 11 août 2014].

19. Moreschi, C. *Anxiété de performance chez l'enfant.*
www.canalvie.com/famille/education-et-comportement/articles-education-et-comportement/anxiete-de-performance-chez-l-enfant-1.986276 [Consulté le 21 juillet 2014].

20. Ministère de la Sécurité publique. *Les jeunes et le taxage au Québec.*
www.securitepublique.gouv.qc.ca/fileadmin/Documents/police/publications/jeunes_taxage/brochure.pdf [Consulté le 21 mai 2014].

21. Saint-Pierre, F. (2013). *Intimidation, harcèlement- Ce qu'il faut savoir pour agir.* Montréal: Éditions du CHU Sainte-Justine.

22. *Ibid.*

23. Ministère de la Sécurité publique. *Op. cit.*

24. *Ibid.*

25. *Ibid.*

26. Saint-Pierre, F. (2013). *Op. cit.*

27. www.gatineau.ca/portail/default.aspx?p=securite_publique/police/taxage_inacceptable [Consulté le 15 mai 2014].

28. *Ibid.*

29. Saint-Pierre, F. (2013). *Op. cit.*

30. Adoption du projet de loi n° 56 — *Le Québec se dote d'une loi pour prévenir et combattre l'intimidation et la violence à l'école,* communiqué de presse.
www.mels.gouv.qc.ca/salle-de-presse/communiques-de-presse/detail/article/adoption-du-projet-de-loi-no-56-le-quebec-se-dote-dune-loi-pour-prevenir-et-combattre-l/ [Consulté le 17 mai 2014].

31. Saint-Pierre, F. (2013). *Op. cit.*

32. Chaire de recherche sur la sécurité et la violence en milieu éducatif, Université Laval. www.violence-ecole.ulaval.ca/ [Consulté le 17 mai 2014].

33. SAINT-PIERRE, F. (2013). *Op. cit.*

34. Tel-jeunes. *Informe-toi : l'intimidation.*
    http://teljeunes.com/informe-toi/intimidation [Consulté le 17 mai 2014].

35. http://web.cskamloup.qc.ca/escb/spip.php?article328 [Consulté le 30 août 2014].

36. FOURNIER, Isabelle. *Une importante promotion.* Reproduit avec l'autorisation de l'auteure.
    http://www.isabellefournier.com/ [Consulté le 30 août 2014].

CHAPITRE 7

Le jeu et les activités

On peut en savoir plus sur quelqu'un en une heure de jeu qu'en une année de conversation.

Platon

N'use pas de violence dans l'éducation des enfants, mais fais en sorte qu'ils s'instruisent en jouant : tu pourras par là mieux discerner les dispositions naturelles de chacun.

Platon

L'éducation consiste à comprendre l'enfant tel qu'il est, sans lui imposer l'image de ce que nous pensons qu'il devrait être.

Jiddu Krishnamurti

En chaque enfant, on l'ignore trop, naît et se développe le projet intuitif d'être considéré comme une (grande) personne. Aussi attend-il qu'on ait à son égard le comportement et le respect que l'on a vis-à-vis d'un adulte. Il a raison.

Françoise Dolto

Plusieurs activités de jeu en lien avec chaque sphère de développement ont été présentées dans les chapitres précédents. Même si, à des fins de clarté, ces activités étaient reliées à une sphère précise de développement, chacune d'entre elles peut en réalité stimuler ou requérir des habiletés de plusieurs sphères à la fois. Deux analyses d'activité sauront le démontrer dans les pages qui suivent.

Les autres notions abordées dans ce chapitre concernent le besoin d'équilibre dans l'horaire de l'enfant, les différences entre le jeu des garçons et celui des filles, les capacités de l'enfant dans les activités quotidiennes et les tâches domestiques dont il peut s'acquitter. Enfin, quelques activités particulières seront discutées.

Analyse d'activité

Une bonne façon de connaître l'impact d'une activité sur les différentes sphères de développement est d'en faire l'analyse. Analyser une activité consiste à en décortiquer les différentes composantes pour estimer ce qu'elle requiert ou stimule. En voici deux exemples : le jeu de cache-cache et la préparation d'une recette.

Le jeu de cache-cache

Les enfants jouent déjà à la cachette (cache-cache) à la période préscolaire ; toutefois, à l'âge scolaire, ils s'y adonnent de façon plus sophistiquée.

Sur le plan moteur

En plus de courir, s'accroupir, parfois grimper, l'enfant doit aussi tenir des positions inhabituelles pendant quelques minutes, le corps penché d'un côté alors qu'il est caché derrière un bosquet ou étendu sous une chaise longue, les jambes ramenées vers lui. Ces gestes requièrent une bonne coordination de tout le corps et le maintien de l'équilibre dans des positions inusitées.

Sur le plan cognitif

L'enfant doit comprendre les règles du jeu et user de son jugement pour trouver la meilleure cachette et le moment propice pour se délivrer. Pour se rendre rapidement au but, il doit utiliser de stratégies afin d'identifier le chemin le plus sûr et le plus court. Il doit également se mettre à la place du compteur pour se positionner hors de son champ de vision et pour estimer la direction d'où il vient.

Sur le plan du langage

L'enfant doit être capable de se faire comprendre des autres quand il compte ou quand il indique le joueur qu'il vient de découvrir. Quand un désaccord intervient à l'issue d'un jeu, ses habiletés de négociation et d'argumentation seront mises à profit.

Sur le plan affectif

Tout au long du jeu, il doit faire preuve d'initiative et pouvoir tolérer une certaine attente. Quand il doit compter plusieurs fois de suite, par exemple, il doit gérer sa frustration. Quand il trouve une cachette à laquelle nul autre n'a pensé, quand il réussit à se délivrer ou à trouver les autres joueurs, l'enfant est fier de lui et se sent compétent.

Sur le plan social

Comme ce jeu se joue avec des partenaires, l'enfant doit se lier à eux, suivre les règles du jeu et accepter de perdre. Ce sont là d'excellentes occasions de faire appel à ses habiletés de socialisation.

Qui osera dire que le jeu de cache-cache n'est qu'un jeu moteur ?

Préparer une recette (muffin, salade, potage…)

Cette activité a été évoquée dans le chapitre de la motricité fine, mais elle stimule plusieurs autres habiletés.

Sur le plan moteur

L'enfant doit avoir un bon équilibre statique (quand il est debout sans bouger) et dynamique (lors de déplacements pour transporter des ingrédients, par exemple) de même qu'une endurance en position debout qui lui permette de compléter la recette sans éprouver de fatigue. L'enfant devra peut-être aussi mesurer des aliments secs ou des liquides puis les verser, ce qui requiert une bonne coordination œil-main. Plusieurs ustensiles utilisés stimulent de nouveaux gestes: fouet, mélangeur, presse-ail, économe…

Sur le plan cognitif

Selon la recette, l'enfant pourra comprendre le fonctionnement des ustensiles mentionnés précédemment. L'utilisation d'une tasse et des cuillères à mesurer exige de mettre en pratique des notions de mathématiques: ½ tasse, 3 cuillerées à table. L'enfant doit suivre les étapes, ce qui requiert une bonne organisation du travail. Il doit également faire preuve de jugement s'il utilise la cuisinière: comment déposer un plat dans le four ou l'en retirer en évitant de se brûler?

Sur le plan du langage

L'enfant doit avoir une bonne compréhension de l'écrit pour bien suivre les étapes et comprendre ce qu'il doit faire. Peut-être apprendra-t-il de nouveaux mots, tels que réduire, égoutter, déchiqueter, faire bouillir…

Sur le plan affectif

Si la recette est réussie, nul doute que l'enfant sera fier de recevoir les félicitations de la famille, ce qui contribuera à son estime de soi. Il se sentira compétent.

Peut-être aura-t-il cependant à surmonter un peu de frustration quand, par exemple, en cassant un œuf, des morceaux de coquille se mêleront à l'œuf…

Sur le plan social

Si l'enfant fait la recette sous la supervision d'un adulte, il y aura échange entre les deux. Lors de ses premiers essais, il devra accepter de suivre les directives de l'adulte.

En bref ···

On pourrait refaire cet exercice avec d'autres activités pour se rendre compte que chacune d'entre elles permet de stimuler l'enfant de façon globale. Ainsi, être membre d'une équipe de soccer (football) présente une dominance motrice, mais stimule aussi les habiletés sociales qu'implique le travail d'équipe et les habiletés cognitives requises pour développer des stratégies de jeu. L'écriture peut être vue comme une activité intellectuelle, mais elle s'appuie sur des habiletés de motricité fine tout en servant de moyen d'expression. Le bricolage est à la fois une activité créatrice, d'expression et de motricité fine.

···

Différences entre le jeu des garçons et celui des filles

Le jeu des garçons diffère généralement de celui des filles[1]. Pour jouer, les garçons ont tendance à former de plus grands groupes. Ils aiment comparer leur performance à celle des autres. Leur jeu est plutôt physique et actif.

Par contraste, les filles ont tendance à jouer à deux ou en petits groupes et leur meilleure amie occupe souvent le centre de leur univers. Dans l'amitié comme au sein du groupe de pairs, elles recherchent l'intimité. La plupart du temps, elles préfèrent rester assises à bavarder entre elles, davantage préoccupées à se faire aimer des autres, qu'à se mesurer aux autres pour gagner un certain statut. Le tour de rôle s'intègre plus à leurs jeux qu'à ceux des garçons.

L'équilibre dans les activités

L'horaire de l'enfant doit être équilibré pour assurer sa croissance et son bien-être et pour qu'il développe tant son corps que son esprit. Il doit inclure des activités physiques, intellectuelles et sociales, des activités sérieuses et des activités ludiques, des activités scolaires organisées et des activités libres, des activités intérieures et des activités extérieures.

Alors qu'à l'école l'enfant doit se concentrer et être sage, il importe d'aménager des plages horaires où il peut s'activer physiquement, dépenser son énergie et gérer son stress. Plusieurs parents inscrivent leur enfant à des activités parascolaires. Celles-ci peuvent répondre à ce besoin de bouger et de se dépenser, mais si elles exigent de lui un contrôle permanent, comme à l'école, elles s'avèreront plus ou moins efficaces.

L'horaire de l'enfant doit aussi contenir des activités qu'il aime, qui sont significatives pour lui[2]. Ces activités donnent un sens et un but à ses journées et elles l'aident à exécuter de manière plus sereine les autres tâches moins agréables. Des chercheurs ont observé un lien entre l'engagement de la personne dans des activités qu'elle valorise, son sentiment de compétence et son estime des soi[3]. Il est donc essentiel que l'horaire de l'enfant contienne au moins quelques activités qui l'intéressent. Les suggestions présentées au chapitre précédent pour démontrer l'utilité des apprentissages scolaires dans la vie quotidienne visaient précisément à les rendre plus significatives pour l'enfant.

Il existe un lien direct entre les activités significatives et les intérêts de l'enfant. Une activité qui plaît à l'enfant aura forcément plus de sens à ses yeux : il s'y adonnera avec bonheur. Une variété d'intérêts favorise ainsi un meilleur équilibre dans les activités. L'enfant qui aime à la fois lire (sphère intellectuelle), faire du sport (sphère motrice) et jouer avec ses amis à l'extérieur (sphère sociale) bénéficiera de cet équilibre. À l'inverse, l'enfant peu attiré par les jeux physiques, consacrant tout son temps à des passe-temps intellectuels, aura peu de chances de développer des habiletés motrices. De même, celui qui a de bonnes performances sportives et qui consacre de nombreuses heures à pratiquer son sport n'aura que peu d'énergie à consacrer à d'autres types d'activités. Si l'enfant ne s'intéresse qu'aux écrans ou presque, son horaire pourrait également s'en trouver déséquilibré. Voilà pourquoi il importe d'aider l'enfant à élargir son répertoire d'intérêts. Vous trouverez des suggestions dans ce sens dans le tableau synthèse des intérêts de jeu présentés par sphère de développement, à la fin de cet ouvrage. Qui sait, peut-être certaines d'entre elles feront-elles naître une nouvelle passion chez l'enfant ?

Les activités de la vie quotidienne

Quelles sont les habiletés de l'enfant d'âge scolaire en ce qui a trait à l'habillage, les soins d'hygiène, l'alimentation ?

Concernant l'habillage, à 6 ans, l'enfant peut faire une boucle, un nœud, attacher des boutons— même petits —, remonter une fermeture éclair dans le dos. Il apprend à lacer ses souliers. Il reconnaît aisément son soulier gauche et son soulier droit.

Une habileté d'habillage qui s'est perdue dans le temps

Il y a quelques décennies, les garçons de 10 ans savaient nouer une cravate. Aujourd'hui, rares sont les jeunes hommes qui savent le faire, la cravate n'étant plus un accessoire essentiel à la garde-robe masculine, sauf peut-être au bal de finissants à la fin du secondaire. Alors papa, ou plus sûrement grand-papa, est appelé à la rescousse.

Sur le plan de l'**alimentation**, l'enfant se sert d'un couteau d'abord pour tartiner, puis pour couper ses aliments. Il apprend à utiliser divers outils : une cuillère à pamplemousse, une râpe à fromage, un économe pour peler les légumes. Vers 8 ans, il peut préparer seul un repas simple, tels un petit-déjeuner, une salade. Vers 10 ans, il pourra écaler un œuf cuit dur.

Enfin, en ce qui concerne l'**hygiène**, l'enfant de 6 ans peut se coiffer seul et se moucher alors qu'auparavant, il essuyait davantage son nez qu'il se mouchait. À 8 ans, il sait se laver les oreilles et peut prendre son bain de façon tout à fait autonome. À 10 ans, il peut se nettoyer les ongles.

Participation aux tâches domestiques

Dès l'âge préscolaire, vous avez probablement demandé à votre enfant de s'acquitter de certaines tâches personnelles comme ranger sa chambre, faire son lit, mettre ses vêtements sales au lavage. Ces tâches doivent évidemment se poursuivre à l'âge scolaire. De plus, chaque membre de la famille devrait contribuer à certaines activités domestiques spécifiques selon ses capacités.

Selon son âge, quelles sont les tâches dont peut s'acquitter un enfant ? Dès 6 ou 7 ans, il peut mettre le couvert, vider le lave-vaisselle, ratisser les feuilles, trier les serviettes sortant du sèche-linge et les plier, regrouper les chaussettes propres et… changer le rouleau de papier de toilette (eh oui, dès cet âge, un enfant peut s'acquitter de cette tâche… Qu'en est-il de votre conjoint ou de votre conjointe ?).

À 8 ou 9 ans, il peut mettre la vaisselle dans le lave-vaisselle, épousseter les meubles, ranger l'épicerie et à 10 ou 11 ans, il est capable de balayer le plancher, tondre le gazon, nettoyer la salle de bain et le comptoir de cuisine, nettoyer la litière du chat, sortir les poubelles.

Si la famille compte plusieurs enfants, chacun d'eux pourrait choisir la corvée qu'il préfère à partir d'une liste de possibilités. À la fin du mois, il peut y avoir rotation des corvées. Ainsi, chacun apprend à apporter sa contribution au bien-être de la famille.

Quelques activités particulières

Les jeux coopératifs

Connaissez-vous les jeux coopératifs? Plutôt que d'éveiller la compétition, ces jeux reposent sur l'entraide et la solidarité entre les joueurs pour atteindre un objectif commun. Dans ce type de jeu, les partenaires sont des alliés et non des adversaires, et le message véhiculé est celui-ci : «Ensemble, nous sommes plus forts!». En misant sur l'entraide, ces jeux permettent aux enfants de développer des valeurs qui leur seront utiles toute leur vie, notamment en ce qui concerne les travaux scolaires en groupe et la participation à des activités sportives en équipe.

Les jeux coopératifs de table invitent les enfants à unir leurs efforts pour, par exemple, repousser les zombies du cimetière (Zombie Kidz®), fabriquer un feu d'artifice à partir de cartes de valeurs et de couleurs différentes (Hanabi®), développer les ressources nécessaires pour fabriquer des remèdes (Pandémie®[4]), protéger des animaux menacés au Pôle Nord (Antarctica®[5]).

Le jeu du parachute est un autre exemple de jeu coopératif. Les enfants se placent tout autour d'un parachute composé de différentes couleurs et mesurant deux à trois mètres de diamètre. Chaque enfant saisit le parachute des deux mains et fait des vagues en levant puis en abaissant les bras. On peut ajouter des balles de tennis sur le parachute et inviter les enfants à faire bouger le tissu sans faire tomber les balles. Une autre variante possible est le jeu du chat : une fois le parachute soulevé par tout le groupe, un des enfants doit courir dessous et atteindre l'autre côté avant que le parachute ne redescende et le touche.

Certains jeux coopératifs physiques ne requièrent aucun matériel. En voici deux exemples[6] :

Le nœud géant

Les enfants forment une ronde. Le cercle se rompt à un endroit : deux personnes se lâchent la main. Le meneur guide la file d'enfants en faisant des nœuds, passant sous les bras, au-dessus... le but étant de s'emmêler au maximum. Il faut ensuite se démêler sans se lâcher. Pas facile, mais tellement drôle.

La chaise musicale

On installe le même nombre de chaises que de joueurs, puis on fait jouer une musique entraînante. À l'arrêt de la musique, les joueurs s'assoient. À chaque reprise de la musique, on enlève une chaise. Les joueurs qui ne trouvent pas de chaise ne sont pas éliminés, mais doivent de plus en plus coopérer pour s'installer à plusieurs sur la même chaise sans qu'aucun pied ne touche le sol.

Les enfants sont généralement aptes à jouer à des jeux coopératifs avant qu'ils le soient pour les jeux compétitifs. L'enfant qui n'a de satisfaction que s'il gagne peut découvrir dans les jeux coopératifs une autre façon d'avoir du plaisir.

Le scoutisme

Le scoutisme[7] est une activité jeunesse qui répond bien aux besoins et intérêts des jeunes d'âge scolaire. L'organisme qui en est responsable admet les enfants à compter de 7 ans. Le mouvement scout compterait plus de 30 millions de membres — garçons et filles — répartis dans 160 pays, ce qui en fait le plus grand mouvement de jeunes au monde[8].

Depuis sa création il y a plus de 100 ans, Scouts Canada a fait découvrir un monde d'aventures, de plein air et d'amitiés à plus de 17 millions de jeunes Canadiens (dont 7 millions de filles[9]). Le mouvement repose sur dix lois : le scout mérite et fait confiance, combat pour la justice, partage avec tous, est frère de tous, protège la vie, fait équipe, fait tout de son mieux, répand la joie, respecte le travail et est maître de lui-même. Autant de valeurs qu'on souhaite transmettre à nos enfants. La protection de l'environnement, le développement de la paix, l'économie durable et la culture sont des thématiques au cœur de la philosophie qui anime le scoutisme. Ce mouvement a cependant perdu en popularité au cours des ans.

Saviez-vous que...

Guillaume Lemay-Thivierge, Jean Chrétien, Marc Garneau, Bill Gates, Bill Clinton, Harrison Ford et Ronald Reagan ont déjà fait partie du mouvement scout[10].

Céline Dion, Michaëlle Jean, Roberta Bondar (la première femme astronaute canadienne), Hillary Clinton ont fait partie des guides[11].

Les écrans

On ne peut passer sous silence l'omniprésence des écrans (télévision, jeux vidéo, réseaux sociaux, téléphone intelligent, tablette tactile) dans la vie de l'enfant d'âge scolaire. Voici quelques statistiques pour s'en convaincre.

Quelques statistiques sur les 9-13 ans[12]

1. Seuls 32,9 % des jeunes Québécois et Québécoises respectent la recommandation canadienne qui limite à deux heures par jour le temps de loisir passé devant l'écran pour cette tranche d'âge.

2. Les garçons qui passent plus de deux heures par jour devant l'écran sont plus nombreux que les filles (75 % comparativement à 59,4 %).

3. Plus de 80 % des jeunes entre 9 et 13 ans sont présents sur Facebook — alors que l'âge minimum pour s'y inscrire est de 13 ans — et vont sur YouTube.

4. 64 % s'adonnent à des jeux sur Internet (les garçons davantage que les filles).

Un sondage téléphonique réalisé à l'automne 2013 auprès de 6017 parents de dix pays, dont le Canada et la France, révèle que 89 % des enfants de 6 à 9 ans sont actifs en ligne et dans le monde virtuel et que cette popularité est en augmentation[13]. Le monde virtuel apporte son lot de stimulations à l'enfant, mais il ne saurait lui procurer la même richesse d'expériences que propose le monde réel.

Les « pour »

L'utilisation d'Internet pour faire des recherches n'est pas à négliger. L'ordinateur ou la tablette électronique permet à l'enfant de satisfaire sa curiosité, de trouver rapidement des réponses à ses questions.

Les jeux vidéo utilisés avec discernement peuvent stimuler différents aspects du développement : la coordination, la rapidité d'exécution, la mémoire, la capacité à résoudre des problèmes, l'apprentissage par essais et erreurs, la persévérance et la concentration.

Il faut toutefois savoir que même un enfant atteint d'un déficit d'attention peut jouer de longues heures à des jeux vidéo. La télévision et les jeux vidéo sont des activités très stimulantes qui répondent justement au besoin d'action des jeunes présentant ce trouble. C'est pourquoi ils peuvent consacrer beaucoup de temps à ce genre d'activités, alors que d'autres qui sont moins stimulantes, comme des jeux de société ou le dessin, ne retiennent leur attention que quelques minutes.

Par ailleurs, ces jeux peuvent favoriser les échanges avec d'autres enfants qui partagent la même passion, discutant entre eux du plaisir de tel ou tel jeu, se donnant mutuellement des trucs pour franchir les obstacles.

Les jeux électroniques tels que Backgammon®, jeux de cartes, Tétris® mettent à contribution les facultés de logique et la résolution de problèmes.

Les « contre »

Les jeunes passent souvent plus de temps devant leurs écrans qu'avec des amis ou leur famille, ce qui entraîne un isolement social et une carence d'activités physiques. Ce phénomène contribue à l'obésité et à un manque d'équilibre dans son horaire.

L'enfant qui visite Internet a, par ailleurs, accès à des sites qui ne lui sont pas destinés.

Certains enfants, particulièrement les garçons, qui s'adonnent aux jeux vidéo développent une dépendance et sont incapables de s'en passer. De plus, aucune norme universelle ne garantit la qualité des jeux informatiques ou vidéo. Comme le mentionne si bien Carl Charest, stratège en nouveaux médias : « Ces différents jeux ne sont pas créés par des spécialistes en pédagogie[14] ».

Les jeux vidéo valorisent en général la vitesse et la compétition et sont souvent dominés par la violence. Le jeune joueur n'est pas qu'un simple témoin de cette violence qui s'affiche à l'écran, il y participe directement en contrôlant les mouvements de son personnage. Toutefois, à ce jour, l'ensemble des études portant sur les jeux vidéo violents n'a démontré qu'un seul impact, soit l'agressivité que le joueur peut manifester dans les 20 minutes qui suivent le jeu[15]. On ne connaît pas encore l'effet de ces jeux sur l'agressivité du futur adulte.

Que faire ?

L'objectif n'est pas d'interdire les écrans à nos jeunes ; la technologie est là pour rester et elle présente des avantages pédagogiques quand elle est bien utilisée. Le véritable problème n'est pas tant le vif intérêt que portent les enfants aux écrans, mais plutôt l'utilisation excessive qui nuit aux autres zones d'activité. Les jeux sur écran ne doivent pas empiéter sur le temps normalement accordé à l'école, à l'activité physique, à la socialisation, à l'alimentation et au sommeil. Ils ne doivent pas non plus amener l'enfant à mentir ou à se cacher pour jouer.

Comme le recommande l'Académie des sciences de l'Institut de France dans un rapport publié en 2013[16], il faut dialoguer plutôt qu'interdire et apprendre à nos jeunes à s'autoréguler pour éviter les dérives. Limiter et superviser l'utilisation de ces jeux permet d'éviter l'isolement de l'enfant et sa passivité devant une machine.

La règle de 3-6-9-12 du Dr Tisseron propose certaines balises quant à l'utilisation des différents écrans.

La règle 3-6-9-12 [17]

Cette règle du 3-6-9-12, proposée en 2008 par le Dr Tisseron, psychiatre et psychanalyste, directeur de recherches à l'Université Paris Ouest Nanterre, est depuis 2011 largement diffusée par l'Association nationale française de pédiatrie ambulatoire :

1. **Pas de télé avant 3 ans.**

2. **Pas de console de jeu avant 6 ans.**

4. **Pas d'Internet accompagné avant 9 ans :**

   L'accompagnement des parents sur Internet n'est pas seulement destiné à éviter que l'enfant soit confronté à des images difficilement supportables. Il doit lui permettre d'intégrer trois règles essentielles : tout ce que l'on y met peut tomber dans le domaine public, tout ce que l'on y met y restera éternellement, et tout ce que l'on y trouve est sujet à caution parce qu'il est impossible de savoir si c'est vrai ou si c'est faux.

5. Pas d'Internet seul avant 12 ans :

Là encore, un accompagnement des parents est nécessaire. Il faut définir avec l'enfant des règles d'usage, convenir d'horaires prédéfinis de navigation, mettre en place un contrôle parental…

Face aux jeux vidéo violents, il importe de maintenir un dialogue familial et de valoriser la compassion ou la solidarité, autant de valeurs qui peuvent s'affaiblir face à la violence de certaines images. Pour identifier les jeux contenant de la violence gratuite, voyez quel comportement est récompensé. « Gagne-t-on des points en renversant des piétons sur son passage ou, au contraire, cela coûte-t-il la partie ? Le jeu encourage l'agression sans aucune raison apparente ? À éviter[18] ! Par ailleurs, il est important de respecter les âges indiqués sur les programmes et les jeux vidéo.

Intéressez-vous aux jeux préférés de votre enfant. Mieux : jouez-y avec lui. C'est là un excellent moyen d'échanger vos impressions, de le faire parler de ce qu'il éprouve en jouant, de découvrir sa façon de voir la vie. Vous constaterez peut-être qu'il est capable de recul sur l'agressivité de certains jeux et qu'il sait faire la différence entre le monde virtuel et le monde réel.

Installez la console de jeu ou l'ordinateur dans une pièce commune de la maison (surtout pas dans sa chambre). Cela facilite la supervision de son utilisation. Ne faites pas porter un casque d'écoute à votre enfant. Bien que le casque coupe le son provenant du jeu, il isole l'enfant de son environnement.

Vous pouvez vérifier les sites visités par votre enfant sur Internet en consultant l'historique. Il existe aussi des logiciels de contrôle parental qui peuvent bloquer les sites de clavardage, les forums de discussion, les jeux interdits aux mineurs, les vidéos en téléchargement et limiter les horaires de connexion à Internet de même que les sites qu'il peut visiter. Mais le meilleur logiciel ne saurait remplacer le dialogue que vous avez avantage à maintenir avec votre enfant.

Certaines consoles de jeu comme la Wii® avec sa planche Balance (Wii Sports®, Just Dance®…) ou Kinect® pour la X-Box 360® (Dance central®, Kinect sports®…) sollicitent tout le corps pour s'adonner à certaines activités sportives (soccer, tennis, baseball, ski…), faire des exercices d'équilibre sur une plate-forme instable ou sur un fil de fer, faire avancer des voitures ou des personnages. Plus actifs sur le plan physique, ces jeux peuvent contrer la passivité de l'enfant devant un écran (qui n'a qu'à bouger une manette). D'autre part, contrairement au Game Boy® et au Nintendo DS®, ces consoles se prêtent bien à un jeu avec partenaire, un partenaire réel et non virtuel ; le plaisir s'en trouve multiplié et les échanges entre les joueurs se poursuivent tout au long de l'activité. Pratiqués en famille, ces jeux peuvent même contribuer à resserrer les liens.

Depuis 2003, des centaines d'écoles québécoises participent au DÉFI de la Dizaine sans télé ni jeux vidéo[19] : un jeûne volontaire de petits écrans pendant 10 jours. Les résultats de l'évaluation faite à l'école Jacques-Rocheleau — qui a relevé ce défi en 2007 — sont très convaincants. Les deux tiers des 96,5 % des élèves qui y ont participé ont réussi à garder les 4 écrans complètement fermés durant 10 jours : télé, jeux vidéo, ordinateurs et consoles ; 52 % des enfants ont constaté une réduction des disputes à l'école et à la maison ; 87 % des enfants et 75 % des parents ont observé une augmentation des activités physiques et sportives et 50 % des parents et des enfants ont vu une augmentation du temps consacré à la lecture. Ce défi aurait même déteint sur les parents puisque 55 % des pères et 71 % des mères ont réduit le temps passé devant la télévision.

Si l'école de votre enfant ne participe pas à ce défi, pourquoi ne pas tenter de le relever en famille? Et pourquoi ne pas impliquer des familles amies?

Le jeu libre[20]

Le jeu libre où l'enfant décide à quoi et comment il veut jouer, avec quoi, avec qui et pendant combien de temps, contribue au développement de son autonomie et de ses habiletés à résoudre des problèmes. Il est donc important de lui laisser du temps libre pour lui permettre de l'utiliser à sa convenance.

Par ailleurs, l'observation de votre enfant en situation de jeu libre est un bon moyen de mieux le connaître : vous le verrez peut-être sous un nouveau jour. Vous pourrez observer son esprit d'initiative, ses réactions devant un problème, ses agissements avec les autres, sa façon de tenir compte de leur opinion, son degré d'autonomie et de créativité, ses habiletés de stratège et de leader, sa persévérance devant les obstacles, sa capacité à bien s'organiser dans son jeu.

En bref ···

C'est dans ses activités que l'enfant se révèle et c'est grâce à ses activités qu'il se développe, évolue et s'épanouit.

··

Notes

1. MINISTÈRE DE L'ÉDUCATION DE LA SASKATCHEWAN. *Perspectives sur le développement humain aux différentes étapes de la vie — Moyenne enfance* www.edonline.sk.ca/bbcswebdav/library/curricula/Francais/Ressources%20additionelles/ psychologie_30_journal_no_5.pdf [Consulté le 28 avril 2014].

2. Cette notion est aussi valable pour vous. Voir FERLAND, F. (2006). *Pour parents débordés et en manque d'énergie.* Montréal : Éditions du CHU Sainte-Justine, chapitre 2 : Vous simplifier la vie et redonner du sens à votre quotidien, 31-51.

3. WHALLY, K.W. (2004). « Dimensions of meaning in the occupation of daily life ». *Revue canadienne d'ergothérapie*, 71, 5, 296-305.

4. Jeux de Nim. Jeux de société de coopération. www.jeuxdenim.be/selection-JEUXSOC_COOPERATIF [Consulté le 30 août 2014].

5. http://casse-noisettes.be/shop/jeu-cooperatif/1147-antarctica-.html, consulté le 30 août 2014.

6. *Les jeux coopératifs.* Les fiches repères du Réseau École et Nature, Montpellier. http://reseauecoleetnature.org/system/files/jeux_coop.pdf, mise à jour le 19 février 2003, [Consulté le 30 août 2014].

7. http://scoutsducanada.ca/ et www.guidesquebec.ca/QC-FR/ [Consultés le 18 août 2014].

8. LAGARDE, P. (2014). *Le scoutisme frappe un « nœud » !* www.grenier.qc.ca/chroniques/4957/le-scoutisme-frappe-un-noeud [Consulté le 18 août 2014].

9. *Les filles qui font du scoutisme sont les Guides.* Voir le site : www.guidesquebec.ca/QC-FR/ [Consulté le 18 août 2014].

10 LAGARDE, P. (2014). *Op. cit.*

11. LESSAR ROUTHIER, A. (2014). « Un tout inclus juste pour les filles : les Guides du Canada », *Montréal pour enfants*, 14, 4, 58-59.

12. *Ce que nous savons sur les 9-13 ans*, Québec en forme. www.operationwixx.ca/documents/files/document-sur-la-cible-vf.pdf [Consulté le 18 août 2014].

13. *Connected kids are living in virtual worlds.* http://mediacenter.avg.com/featured-wall/connected_kids_are_living_in_virtual_worlds, 2 mars 2014 [Consulté le 4 avril 2014].

14. Propos de Carl Charest, stratège en nouveaux médias, rapportés dans « Papa, tu me prêtes ton iPad », dans *Protégez-vous, Guide annuel des jouets* 2013, nov. 2012.

15. SOULLIER, J. (2012). *Jeux vidéo : le coupable idéal.* www.lexpress.fr/actualite/societe/jeux-video-le-coupable-ideal_1071304.html [Consulté le 11 juin 2014].

16. www.academie-sciences.fr/activite/rapport/avis0113.pdf, Avis de l'Académie des sciences de l'Institut de France, publié en janvier 2013 [Consulté le 4 avril 2014].

17. TISSERON, S. *La règle « 3-6-9-12 » relayée par l'Association Française de Pédiatrie Ambulatoire* (AFPA), 12 janvier 2012, www.sergetisseron.com/blog/la-regle-3-6-9-12-relayee-par-l [Consulté le 4 avril 2014].

18. BURGEN, I. et C. MORISSETTE (2013). *Les jeux vidéo : une question d'équilibre.*
    http://lesexplos.com/articles/les-jeux-video-une-question-dequilibre/
    [Consulté le 4 août 2014].

19. BRODEUR, J. (2008). *L'impact des médias sur les jeunes ?*
    www.aqpere.qc.ca/ere/passeport/pdf/Ateliers%20A/Pr%C3%A9sentation_J_Brodeur.pdf
    [Consulté le 4 août 2014].

20. FERLAND, F. (2005). *Et si on jouait ? Le jeu durant l'enfance et pour toute
    la vie.* Montréal : Éditions du CHU Sainte-Justine.

CONCLUSION

*Les enfants n'obéissent aux parents que lorsqu'ils
voient les parents obéir à la règle.*

Joseph Joubert

*Nous nous efforçons de donner à nos enfants tout ce
qui a manqué dans notre jeunesse et nous négligeons de
leur donner ce dont nous avons bénéficié.*

James Dobson

*Quand tu es né, j'ai formulé un vœu pour toi.
Un vœu contradictoire : j'ai souhaité que tu sois fort
et sensible. Fort pour être sensible sans être détruit.
Sensible, pour être fort sans vouloir détruire.*

Didier Tronchet

Il s'en passe des choses dans la vie d'un jeune de 6 à 12 ans.
Comme vous avez pu le constater au cours de la lecture
de cet ouvrage, votre enfant fait des pas de géant dans la
connaissance du monde qui l'entoure et dans le monde
du savoir. Nul besoin, toutefois, de mettre une pression
indue pour qu'il apprenne le plus rapidement possible et
qu'il réussisse en tout, des tentations fréquentes dans notre
société de performance.

D'ailleurs, pourquoi ne pas troquer la quête de la
performance pour la quête du bonheur? Le stress et la
pression qui reposent sur les épaules de votre enfant pour

répondre à vos attentes, et sur les vôtres pour le faire évoluer toujours plus rapidement, pourraient peut-être diminuer, et vous pourriez alors prendre plaisir à le voir évoluer dans la sérénité.

Il ne faut pas oublier qu'en donnant naissance à un enfant, on lui impose la vie. Il revient alors aux parents de lui démontrer à quel point la vie est belle même si elle comporte quelques embûches; il leur revient de lui transmettre la joie de vivre.

Être à l'écoute de votre enfant, être sensible à ce qu'il vit, viser le plaisir en famille au quotidien, voilà ce qui peut contribuer à faire de lui un être bien dans sa peau, heureux de vivre et d'être près de vous, des parents qui assument leur rôle en toute quiétude. De la sorte, votre foyer deviendra un havre de paix et de bonheur.

Rappelez-vous que l'art d'être parents repose davantage sur la qualité de la relation que vous établissez avec votre enfant que ce que vous faites pour ou avec lui[1].

---

1. BRAZELTON, T. B. (2009). *La naissance d'une famille ou comment se tissent les liens.* Paris: Éditions du Seuil.

ÉPILOGUE

Si un enfant

Si un enfant vit dans la critique,
Il apprend à condamner.

Si un enfant vit dans l'hostilité,
Il apprend à se battre.

Si un enfant vit dans le ridicule,
Il apprend à être gêné.

Si un enfant vit dans la honte,
Il apprend à se sentir coupable.

Si un enfant vit dans la tolérance,
Il apprend à être patient.

Si un enfant vit dans l'encouragement,
Il apprend à être confiant.

Si un enfant vit dans la motivation,
Il apprend à se faire valoir.

Si un enfant vit dans la loyauté,
Il apprend la justice.

Si un enfant vit dans la sécurité,
Il apprend la foi.

Si un enfant vit dans l'approbation,
Il apprend à s'aimer.

Si un enfant vit dans l'acceptation et l'amitié,
Il apprend à trouver l'amour dans le monde.

Dorothy Law Nolte[1]

---

1. Dorothy Law Nolte (1924-2005) était enseignante et conférencière. Son livre, *Les enfants apprennent ce qu'ils vivent* (1972) d'où est tiré ce poème, a été publié dans 19 pays et 18 langues.

Tableaux synthèse

Tableau synthèse des intérêts de jeu[1]

Intérêts de jeux de 6 à 8 ans

Jeux de motricité globale

›   Jeux d'adresse (jeu d'anneaux, de fléchettes avec velcro, jeu de poches...), jeu de quilles, corde à danser, vélo, trottinette, patinage, natation, ski, jeu, cerf-volant, glissades sur la neige, randonnées en forêt, cachette, marelle, tague (chat perché), course aux trésors, jeux commerciaux (Twister®...).

Jeux de motricité fine

›   Bricolage, jeux de construction, coffre de menuisier, casse-tête, instruments de musique (piano...), figurines, petites autos, jeux commerciaux (Lite Brite®, Puissance 4®, Connect 4®...).

Jeux intellectuels

›   Livres de jeux (trouver les erreurs, labyrinthes...), de documentation, d'histoires, magazines pour jeunes, collections (pierres, pièces de monnaie...), bonhomme pendu.

Jeux d'expression

›   Peinture, dessin, jeux de rôles, faire un livre, déguisement.

Jeux sociaux

›   Jeux de société (Jour de paie®, Opération®...), jeux coopératifs, jeux de hasard (cartes, dominos, dés...), dames chinoises, sports d'équipe (soccer...).

Intérêts de jeux de 8 à 12 ans

Jeux de motricité globale

> Jeux d'adresse (frisbee, jeu de fléchettes avec embout en caoutchouc, jeu de fer...), diabolo, athlétisme, gymnastique rythmique et sportive, arts martiaux, tennis, escrime, aviron, planches à roulettes, patins à roues alignées, sports d'équipe (football, hand-ball, baseball, basketball, hockey...), excursions dans la nature, ping-pong, jeux de piste.

Jeux de motricité fine

> Élaboration de maquettes, couture, tricot, broderie, bricolages (cabane d'oiseaux, cerf-volant...), fabrication de bijoux, de cartes de vœux, circuits d'autos, modèles réduits à coller, cuisine, jonglerie, tours de magie, jeux commerciaux (Bataille navale®, Mikado®...).

Jeux intellectuels

> Expérience de chimie, de physique, roman jeunesse, bandes dessinées, histoires fantastiques, collections (timbres, pièces de monnaie...), boîtes de découvertes sur l'électricité, la mécanique, l'hydraulique, microscope, loupe, télescope, jeux commerciaux (Scrabble Junior®, Boogle®, cube Rubik®...), bonhomme pendu.

Jeux d'expression

> Dessin, peinture, mime, danse, improvisation, théâtre, inventer et illustrer une histoire, théâtre de marionnettes.

Jeux sociaux

> Jeux de société plus élaborés (Clue®, échecs, Monopoly®, Stratego®, Skip-Bo®...), jeux de cartes.

---

1. Chaque enfant étant unique, les préférences de jeu peuvent varier de l'un à l'autre. Les suggestions présentées ci-haut peuvent vous aider à élargir le répertoire d'intérêts de votre enfant, en lui suggérant des activités qu'il n'a pas l'habitude de faire.

Tableau synthèse des habiletés de l'enfant d'âge scolaire

	6 ans	7 ans	8 ans	9 ans	10 ans	11 ans	12 ans
	> Plus grande aisance corporelle, meilleure coordination et meilleur équilibre qu'à la période préscolaire. > Augmentation de la masse corporelle, de la force musculaire et de l'endurance à l'effort. > Besoin d'au moins une heure d'activité physique tous les jours. > Période importante pour développer la coordination et apprendre des techniques d'étirement. > Meilleure motricité globale chez les garçons.						
Motricité globale	> Saute à pieds joints et à cloche-pied; > Court en franchissant des obstacles et en changeant brusquement de direction; > Fait bondir un ballon et commence à dribbler; > Apprend à conduire un vélo.	> Marche sur une ligne droite, le talon gardant contact à chaque pas avec l'autre pied.	> Saute sur un pied plus de 20 fois.	> Fait un saut en longueur sans élan de 1 mètre à 1,50 mètre; > Court à une vitesse de 5m/sec.			
					> Lance une balle 2 fois plus loin qu'à 6 ans; > Peut circuler à vélo dans la circulation; > A une pratique sportive plus soutenue.		

> Motricité fine plus développée chez les filles.
> Plus de fluidité dans les gestes.
> Meilleure coordination.

Motricité fine	> Écrit des lettres de taille plus petite et plus uniforme qu'avant; > Peut apprendre à faire de l'origami; > Découpe des formes plus complexes comme un losange.	> Peut apprendre les rudiments de la jonglerie et des tours de magie; > Maîtrise l'écriture cursive; > Utilise de nouveaux outils : agrafeuse, marteau, aiguille à coudre, à tricoter; > Fait des constructions plus complexes requérant l'utilisation d'écrous et de vis.	
Langage	> Utilise environ 2500 mots; > Écrit son nom sans modèle; > Apprend à lire un texte court; > Peut faire des liens de cause à effet dans un récit (expliquer ce qui a provoqué telle situation).	> A un vocabulaire diversifié; > Saisit sans mal un texte non illustré et comprend la logique d'un récit; > Écart entre filles et garçons concernant lecture et écriture en faveur des filles, à la fin de la 2e année.	> Est en mesure d'écrire une véritable histoire; > Comprend la syntaxe (l'organisation des mots dans la phrase).	> Bonne structure de phrase avec plusieurs éléments intégrés.

Cognition				
> Centré sur un aspect du problème, il est dépendant de sa perception; > A du mal à concevoir le temps sur un continuum reliant le passé, le présent et le futur; > Distingue la mort du sommeil;	> Fait des liens d'anticipation dans les récits (imaginer ce qui arrivera); > Développe graduellement de la fluidité en lecture.	> La pensée de l'enfant devient plus souple, moins égocentrique, plus logique; > Comprend les termes «plus grand que», «plus lourd que».	> Peut envisager d'autres points de vue que le sien. > Comprend qu'un mot peut avoir plus d'une signification (sens de l'humour).	> La mémoire, la concentration et l'attention et le temps de réaction augmentent de façon notable.

> (4-7 ans): la maladie est comprise en termes de contagion ; > (4-7 ans): réalisme intellectuel ; > Dessine ce qu'il connaît des objets ; > Dessin du bonhomme complet, articulé, parfois habillé.	> Comprend le principe de conservation de la quantité. > Comprend le caractère permanent de la mort. > Conçoit que la maladie s'attrape par contamination puis par internalisation. > Réalisme visuel : dessine ce qu'il voit ; > Souvent, transparence dans les dessins : on voit les personnages à travers les murs de la maison ; > Membres (bras et jambes) doubles : deux traits pour chacun.	> Comprend le principe de conservation de poids. > Comprend l'universalité de la mort. > Début de perspective dans ses dessins ; > Commence à dessiner ses bonhommes de profil.	> Perçoit le sarcasme et l'ironie comme étant drôles. > Comprend le principe de conservation de volume. > Explique la maladie par une cause physiologique.

Affectivité				
› Peut tolérer un certain délai avant d'obtenir satisfaction; › Exprime son agressivité principalement par la parole; › 6-7 ans: comprend ce qu'est un mensonge.	› Âge de raison; › Comprend la notion du bien et du mal; › 6-8 ans: s'identifie aux personnes de même sexe que lui.	› Notion de justice/injustice importante.	› 9-10 ans: peut assumer la responsabilité d'un animal de compagnie.	› Condamne la délation, la tricherie, le mensonge; › A des idoles.

Socialisation			
› Intérêt pour les amis de même sexe. › Importance du meilleur ami. › Période importante pour le développement de l'estime de soi et du sentiment de compétence. › Apprend à travailler en équipe.		› Capable d'empathie envers les autres.	› Parfois formation de clubs secrets; › Le goût de la compétition apparaît.

Activités de la vie quotidienne	> **Habillage :** peut faire une boucle, un nœud, attacher de petits boutons, remonter une fermeture éclair dans le dos, lacer ses souliers.				
	> **Alimentation :** se sert d'un couteau d'abord pour tartiner puis pour couper ses aliments.		> Peut se préparer seul un repas simple : petit-déjeuner, salade, etc.		> Peut écaler un œuf cuit dur.
	> **Hygiène :** peut se coiffer seul et se moucher.		> Sait se laver les oreilles et prendre son bain de façon tout à fait autonome.		> Peut se nettoyer les ongles.

| Tâches domestiques | > Peut mettre le couvert, vider le lave-vaisselle; ratisser les feuilles, préparer une salade, trier les serviettes sortant du sèche-linge et les plier, regrouper les chaussettes propres et changer le rouleau de papier de toilette. | > Peut mettre la vaisselle dans le lave-vaisselle, épousseter les meubles, ranger l'épicerie. | > Peut balayer le plancher, tondre le gazon, nettoyer la salle de bain et le comptoir de cuisine, nettoyer la litière du chat, sortir les poubelles. |

Message à mes parents

Papa, Maman,

Vous êtes de bons parents et je vous aime.

Vous prenez votre rôle de parents très au sérieux : c'est bien, mais je pense que vous en faites peut-être un peu trop. En plus de l'école, vous m'inscrivez à des cours pour que j'apprenne à nager, à chanter, à jouer au soccer. Vous réglez mon horaire à la minute près, de façon qu'il y ait toujours une activité enrichissante à faire. Je n'ai pas une minute à moi. J'ai parfois l'impression que vous souhaitez que je fasse ce que vous n'avez pas pu faire dans votre jeunesse, que je comble vos anciens rêves.

Je sais, tout cela part d'un bon sentiment, mais moi, je rêve d'avoir une vie moins surchargée, d'avoir des moments libres, d'avoir même le temps de m'ennuyer. Je rêve de vous voir détendus et souriants, mais le plus souvent, vous semblez sous pression. J'aime bien quand on fait une activité en famille. Quand vous avez du plaisir à faire des activités avec moi, ça ajoute à mon propre plaisir. Pas besoin que ça coûte cher : une promenade en forêt, une partie de Monopoly®, un pique-nique.

Papa, Maman, ne vous creusez pas la tête pour en faire toujours plus. Vous avoir à mes côtés, sentir votre amour, faire des activités avec vous me suffit.

Papa, Maman, vous êtes de bons parents et je vous aime.

Alex

MARQUIS

Québec, Canada

RECYCLÉ
Papier fait à partir
de matériaux recyclés
FSC® C103567

Imprimé sur du papier Enviro 100% postconsommation
traité sans chlore, accrédité ÉcoLogo et fait à partir de biogaz.